佐治敬三と開高健 最強のふたり ㊤

北 康利

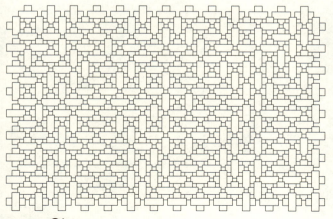

講談社+α《プラスアルファ》文庫

佐治敬三と開高健　最強のふたり〈上〉【目次】

第二章 寿屋宣伝部とトリスバーの時代

【下巻目次】

明日、世界が
滅びるとしても
今日、あなたは
リンゴの木を植える

佐治敬三と開高健　最強のふたり

序章

「補給基地を見つけたぞ！」

南ベトナム政府軍兵士のあいだから歓声があがった。

だがそれは、ベトコンゲリラのしかけた巧妙な罠《わな》だったのだ。

つぎの瞬間、湿った空気を切り裂いて、無数の銃弾が薄暗いジャングルの奥から襲いかかってきた。

枝が折れ、葉が散る。何人もの兵士たちが小さいうめき声をあげたかと思うと、糸の切れたあやつり人形のようにその場に崩折《くずお》れた。あふれだす鮮血を止めることができず、必死に傷口を押さえながら悲痛な声をあげる米兵の姿もある。

運よく最初の攻撃をまぬがれた者たちは、アリ塚や倒木など、少しでも銃弾を遮《さえぎ》れそうなものの陰に身を隠した。反撃しようにも相手の姿が見えない。

そんな熱帯の森のなかに、真っ青になりながら震えている、なんとも場違いな日本人がいた。

作家の開高健《かいこうたけし》である。

昭和四十年(一九六五)二月十四日のバレンタインデー、世界中に笑顔の広がるこの日、彼はおそらく、地球上でもっとも悲惨な目にあっていた日本人だった。

カメラマンの秋元啓一《あきもとけいいち》とともに取材のため南ベトナム政府軍に同行していた彼は、アメリカ軍事顧問団から支給された鉄兜《てつかぶと》をかぶり、サイゴン市内の中国人経営の店で買った迷彩服《めいさいふく》を着てはいるものの、銃などの武器をいっさい持っておらず、丸腰のまま逃げまどっていた。

「タ、タ、タ、タ……」

乾いた発射音が鳴りやまない。

発射音から察するに、ベトコンが使うソ連製のAK47自動小銃に違いなかったが、錯綜《さくそう》して聞こえてくるため、どこから撃ってきているか見当がつかない。

ベトコンは地下にトンネルを縦横《じゅうおう》に掘っていて、どこからでも顔を出す。今も自分たちの真下をベトコンが走り回っているかと思うと、恐怖で全身が冷たくなり、震えが止まらない。流れ落ちる汗がしきりに目に入ってしみるのは、暑さゆえではなかった。

身を隠している倒木に続けざまに銃弾が当たり、破片が飛び散る。頭にのせている鉄兜がこのときほど頼りなく感じられたことはなかった。地面に這《は》いつくばい、ジャングルに降り積もった枯葉が口と鼻をふさいで窒息しそうになるほど頭を低くしていたが、銃弾が風を切る擦過音《さっかおん》がリンボーダンスのバーのように次第に下がってくる。生きるための本能からだろう、少しでも頭を低くしなければと、手ではなく顔を左右に振りながら目の前の土を掘った。後で考えれば何とも滑稽《こっけい》な動作だが、身体が勝手にそう動いたのだ。

（これはあかん……）

彼はぎゅっと目をつぶり、死を覚悟した。

もうずいぶん遠い記憶になってしまったが、世界のリーダーを自負していたはずのアメリカが、誇りも自信も一気に失ってしまう泥沼の戦争があった。

ベトナム戦争（一九六〇～一九七五）である。

第二次世界大戦後、ベトナムは旧宗主国《そうしゅこく》フランスとの戦いを経て、北緯一七度以北のベトナム民主共和国（北ベトナム）と、以南のベトナム共和国（南ベトナム）という分断国家として独立を果たした。東西ドイツや朝鮮半島同様、米ソ冷戦の対立構造が反映された結果だった。

ところが昭和三十五年（一九六〇）十二月、南ベトナムのタイニン省において、反米、ベトナム統一を掲げた南ベトナム解放民族戦線（ベトコン）が結成され、ベトナム人同士の内戦状態におちいる。

すると共産主義の脅威に対抗するべく、アメリカが介入してきた。〝ベトコン〟というのは、南ベトナム政府軍と米軍側が、彼らへの憎悪をこめて名づけた、言わば蔑《べっ》称《しょう》である。

だが、物量にものを言わせていくら砲弾を叩きこもうがベトコンは屈しない。大規模なトンネルを掘って地下で生活するという前代未聞のゲリラ戦術で神出鬼没。なかには一般市民として生活しながらテロ活動をする者もいて、誰が政府軍側で誰がベトコン側か、まったくわからなくなる混沌《カオス》を作りだし、米兵たちを恐怖のどん底におとしいれた。

国家の威信をかけた戦いに、アメリカは第二次世界大戦において全世界で使用した爆弾の三倍以上の量を、ここベトナムに投下する。

悪名高いのがエージェント・オレンジ（枯葉剤）だ。

ベトコンが身を隠す場所を一木一草に至るまで排除するべく、ジャングルと言わず田畑と言わず、大量に撒《ま》いた除草剤のことである。

ダイオキシンなどの猛毒を含んでいたことから大地は汚染され、大量の奇形児が生まれた。その毒性の強さゆえ、直接触れなかったはずの米兵の精巣にまで影響を及ぼし、帰国後の彼らの子供にも奇形児が生まれるという悲劇を生む。

戦争は十五年という長きにわたり、米軍の戦死者は約四万七〇〇〇人（ちなみに朝鮮戦争の死者は約三万三〇〇〇人）、北ベトナム側の戦死者は民間人をあわせると四〇〇万人を超え、南ベトナム側も一五〇万人の人命を失った。

開高健は、朝日新聞社臨時海外特派員として南ベトナム政府軍に従軍しながらその最前線を取材するうち、ベトコンとの銃撃戦に遭遇するのである。危険な戦場に行ってくれと要請されたわけではない。あくまで開高自身が選んだ道だった。

芥川賞史上もっともハイレベルな選考会として知られる、のちのノーベル賞作家大江健三郎との一騎打ちを制して華々《はなばな》しく文壇デビューを果たした彼は、新進気鋭の作家としてすでに十分認知されていたが、

「実際に見てみんことにはわからんやないか」

という言葉を残し、前月に開かれた東京オリンピックの余韻《よいん》さめやらぬ日本をあとにベトナムへと向かった。

開高という男は、表面上豪快にふるまっていたが、むしろ壊れやすいガラスのような感性を持ち、アメリカの国民作家アーネスト・ヘミングウェイにも似て、性格の根本に繊脆《せんぜい》なところがある。旧制中学生だった戦中戦後に味わった辛酸《しんさん》は彼の心に大きな傷あとを残していた。

そんな彼を何が戦地に駆り立てたのか。

アメリカの正義なるものの欺瞞《ぎまん》を暴いてやろうという思いもあったろう。人間の本質を、生きることの意味を、もう一度極限状況の中で見つめてみたいという思いもあったろう。

だが、理由はそれだけではなかった。

彼の半身と言ってもいい〝ある男〟の生き方を通じ、誰よりも高く跳《と》ぼうとすれば土に額《ひたい》をこすりつけ、地をはう蟻《あり》をながめねばならないという確信が、彼のなかにあったのだ。

その男の名は佐治敬三《さじけいぞう》。

サントリーの二代目社長として辣腕《らつわん》をふるい、会社帰りにバーで一杯という文化をわが国に根づかせ、「サントリーオールド」を生産量世界一のウイスキーに育て上げた男である。

一七四センチの長身に黒縁《くろぶち》の眼鏡、当時の経営者としては異例の長髪をなびかせ、早くから流行のカラーワイシャツを着こなしていたダンディーな紳士だ。

サントリーがまだ寿屋と呼ばれていた時代、佐治は失職中だった開高を拾い上げ、宣伝部のコピーライターとして、はたまた伝説のPR雑誌『洋酒天国』の編集長として活躍する場を与えた。作家志望だった開高に、二足のわらじをはくことを許したのも彼である。おかげで開高は在職中に芥川賞を受賞することができ、本格的な作家デビューにつながった。

開高は佐治を必要としたが、佐治もまた開高を必要とした。やがて彼らは経営者と社員という枠を越えた友情で結ばれていく。

そんな二人の関係について、佐治は次のように述べている。

「弟じゃあない。弟といってしまうとよそよそしい。それ以上に骨肉に近い、感じです」（「佐治敬三『開高健へのレクイエム』弟よりもっと骨肉に近く非凡だった彼」『週刊朝日』平成元年十二月二十九日号）

佐治が身を置いていたビジネスの世界もまた、人生を賭《か》けた戦いの場だったが、中でも昭和三十八年（一九六三）のビール事業進出は、まさに〝ビール戦争〟と言っていいものであった。

ビール大手三社（キリン、サッポロ、アサヒ）による寡占《かせん》の壁は難攻不落を誇っている。

その前にほとんどのものが挑戦する意欲を失い、たまに無謀なものが出てきても、みな野に屍《しかばね》をさらしてきた。

「狂気の沙汰《さた》だ！」

という声が内外からあがった。

それでも彼は、ウイスキー業界の覇者《はしゃ》としてのプライドを賭け、それまでに培《つちか》ったもののすべてをぶつけて三社の壁に挑戦していったのだ。

ところが参入当初のシェアはわずかに一・〇パーセント。惨敗であった。

「ライオンになりたい！　そしてキリンの足を食いたい！」

そう叫んで切歯扼腕《せっしやくわん》した。

名経営者と言われる人間には、ある種の〝狂気〟がつきものだ。万人が納得できるような経営戦略だけで競合他社を出し抜けるほど世の中は甘くない。それにしても彼の〝狂気〟はスケールが違う。

ビール事業が黒字化したのは平成二十年（二〇〇八）のこと。サントリーという会社は実に四十五年もの長きにわたり、この事業で赤字を計上し続けたのだ。おそらく非上場のオーナー経営者でなければできなかっただろう。サラリーマン社長と多数決の役員会で、このような蛮行《ばんこう》はありえない。

ではビール事業進出後、サントリーは凋落《ちょうらく》したかというと、その逆であった。危機感は緊張を生み、社内を活性化させた。

「やってみなはれ!」

を合い言葉に、新規事業にも積極果敢に挑戦を続けた。

「もしサントリーがビール事業に進出していなかったらどうだったでしょう?」

ときおり、マスコミからそんな質問を投げかけられたりもしたが、そのたび佐治敬三は自信を持ってこう答えた。

「今ごろサントリーはどこかに消えてなくなってましたやろ」

昭和四十四年(一九六九)に創業七十周年を記念して編まれた『やってみなはれ・みとくんなはれ サントリーの70年』(以後『サントリー七十年史』と略す)は、戦前編を山口瞳《やまぐちひとみ》が、戦後編を開高健が執筆するという、同社の生んだ直木賞作家と芥川賞作家の手によるユニークな社史だが、そこに佐治敬三は、けっして平坦《へいたん》なものではなかったこれまでの日々を振り返りながら、万感の思いを込めて「この道ひとすじに」

という文章を寄せている。そしてそのなかに、次のような一節があるのだ。

〈サントリー七十年の歴史は、いうならば、断絶の決定の鎖によって織りなされた絵巻物である〉

大波乱を巻き起こすような決断こそ、この会社の長い歴史の中に繰りかえし立ち現れる主題（モチーフ）であることを、佐治は〝断絶の決定の鎖〟という荘重《そうちょう》な言葉を用いて表現したのだ。

寿屋創業者の鳥井信治郎《とりいしんじろう》は「赤玉ポートワイン」が売れに売れていたときに、あえてリスクの高いウイスキー事業への進出を決めた。

そして息子の敬三は、日本のウイスキーを世界の五大ウイスキー（スコッチ、アイリッシュ、アメリカン、カナディアン、ジャパニーズ）の一角に食い込むところにまで成長させる。

しかし彼はそれだけで満足しなかった。「サントリーオールド」の売り上げが世界一になろうというとき、あえてビール事業への進出を決断するのである。これこそは、佐治敬三が〝第二の草創期〟を現出するために下した〝断絶の決定〟だった。

平成二十五年（二〇一三）にウイスキーづくり九十周年を迎えたサントリーは、平成二十六年末現在で、グループ企業数実に三二九社、従業員数三万七六一三名を数え、連結売上高二兆四五五二億円、連結経常利益一五三八億円、グループ全体の海外売り上げが三割を超え、海外の従業員数が六割に達する、わが国を代表するグローバル企業へと成長している。

そして今や「BOSS」「伊右衛門」「烏龍茶《ウーロンちゃ》」「天然水」「ペプシ」などの有力ブランドを抱える食品分野が売り上げの半分以上を占め、「セサミン」に代表される健康食品も成長分野となっている。

こうした繁栄の礎《いしずえ》を築いたのが、二代目社長佐治敬三であった。

陰気なリーダーに求心力は生まれない。彼がいるだけで周囲が明るくなった、人が集まった、にぎやかになった。サントリー美術館、サントリーホールなどの文化事業にも、惜しげもなく金を出した。でっかく儲《もう》けて、でっかく散じて、世の中を明るく照らしたのである。

サントリーという社名の由来が、ヒット商品である赤玉ポートワインにちなんだ太陽（赤玉）の「サン」と創業家の「鳥井」からとった〝サン鳥井〟だというのはよく知られている。

佐治敬三という男は、まさに〝太陽〟のような存在であった。

いや、太陽であろうと努力した人であったと言ったほうがいいかもしれない。やがて本書でつまびらかにしていくが、彼もまた、実は開高同様の繊脆さを内に秘めていたのである。

だからこそ理解しあえる部分があったのは間違いあるまい。豪快に見えて、気配りは人一倍である。時として調子に乗り〝いちびり〟をして失敗したが、それは周囲を明るくするため気をつかった結果だった。

情にもろく、人一倍笑ったが、人一倍涙を流しもした。そんな彼らはたがいに影響を与えあい、繊脆さを克服して命がけの戦いに挑み、浮きつ沈みつしながら限られた人生を果敢に生き抜いた。

これは、高度成長期という混沌《こんとん》と矛盾がまじりあった時代に、不思議な運命の糸で結ばれながら、破天荒《はてんこう》で〝ごっつおもろい〟生き方をしてみせた、二人の友情の物語である。

1965年2月14日、ベトナムのサイゴン（現ホーチミン市）
北西約70㎞のジャングルにて。
〈遺影になることも覚悟して、たがいの写真を撮りあった〉
（本文117ページ）

第一章

ふたつの戦争

昭和37年夏、佐治敬三(右)は、開高(その左)とヨーロッパの旅に出た。
写真はデンマークのオーフスにて

シュタインヘーガー作戦

話は昭和三十五年（一九六〇）冬にさかのぼる。

その日、開高は専務室を軽くノックすると、机に座っている佐治敬三のところへ一直線に近づいていった。いつもの陽気な笑顔も、耳をふさぎたくなるような大声も、猥雑《わいざつ》なジョークもない。

珍しく真剣な面持ちで開口一番、

「聞きましたぜ。やるんでっか？」

と、二人きりであるにもかかわらず、声をひそめてささやいた。

「やる！　命がけでやる！」

眼鏡越しに開高の顔を見上げる敬三の表情がいつになく厳しい。

このとき、敬三はビール事業への挑戦を決めていた。それは社内でも一部の人間しか知らない機密事項であった。

「タカラビールみたいにいびり倒されるんとちゃいますか？」

「タカラはんは早くに発表しすぎはった。こっちは隠密作戦でいく。コードネームは『シュタインヘーガー』や。ゆめゆめビールのビの字も口に出さんようにな」

開高はそれを聞くと、ニヤッと笑った。

シュタインヘーガー(Steinhäger)はドイツのノルトライン・ヴェストファーレン州にあるシュタインハーゲンという町でつくられているジンの一種である。大麦麦芽《ばくが》の蒸留液にイタリア・トスカーナ産のジュニパーベリー(杜松《ねず》の実)の蒸留液をブレンドし、各種スパイスを加えて香りをつける。

甘味のある芳香とまろみのある風味が特徴のこの酒を、ドイツ人はビールを飲む前に一杯ひっかけるのを常としている。

「シュタインヘーガー」という作戦名は、ビールの前に飲む酒であることを意識して命名されたに違いなかった。そのことを酒好きの開高はすぐに見抜き、そのウィットをいかにも寿屋らしいと思ったのだ。

昭和三十年代に入ると敗戦国日本もようやく、食べるものにも事欠く生活や闇市のすえたにおいから解放され、誰もが新しい時代の到来を予感していた。昭和三十一年に発表された『経済白書』の結びの言葉〈もはや「戦後」ではない〉は流行語にもなった。

それは日本経済が安定的な成長軌道に乗ったことを高らかに宣言するものであり、〈回復を通じての成長は終わった。今後の成長は近代化によって支えられる〉と続けられている。

その点、ビール事業は、生産ラインのオートメーション化から鮮度を保ちながら流通させるネットワーク作りに至るまで、日本酒やウイスキーづくりのような職人的世界とは一線を画した、まさに〝近代産業〟である。

佐治敬三は『経済白書』に指摘されるまでもなく、〝近代化〟にこそこれからの企業を大きく成長させるカギがあることに気づいていたのだ。

当時の日本は、世界中を驚嘆させた〝奇跡の復興〟のさなかにある。寿屋も急成長を遂げており、新規事業に打って出る素地は十分にあった。

昭和三十三年（一九五八）十二月には東京タワーが完成し、翌三十四年には悲願だった東京オリンピックの開催が決定し、未曾有《みぞう》の好景気と言われた神武《じんむ》景気をも上回る「岩戸景気」に沸いていた。焦土の中から立ち上がった日本は、米国、西ドイツに次ぐ国民総生産（GNP）世界第三位の経済大国へとかけあがり、昭和四十四年（一九六九）には西ドイツをも抜き去ってしまう。

国民が豊かになれば洋酒も売れる。寿屋の売り上げは、昭和二十八年の四五・八億円から昭和三十五年には一五九億円へと飛躍的な伸びを示していた。

〈昭和三十年頃から父は社業の第一線を離れ、背景の中に退いていった〉

と佐治敬三は自伝『へんこつ　なんこつ』の中で書いている。

実際、昭和三十年代に入ってからの業績の伸びは、敬三の手腕によるところが大きい。肩書こそ専務だったが、実質的には経営トップとして意思決定を行っており、

「これからは洋酒の寿屋やのうて、養子の寿屋の時代です」

と、自分が養子であることを逆手にとって、そう挨拶して笑いを取るようになっていた。

敬三がビール事業にこだわったのには、もう一つ理由があった。このころ、社長である父鳥井信治郎は最晩年を迎えていたが、彼のやり残した仕事がビール事業への再挑戦だったのだ。

信治郎は戦前、ビール事業に進出して一敗地《ち》にまみれている。負けず嫌いの彼は、その後もビール事業をあきらめてはいなかった。

戦後、ＧＨＱからウイスキーの大量発注を受け、業容が急拡大したころ、再びビー

ルに挑戦することを検討したことがあった。当時はまだ原料の大麦が公定価格で統制されていて、安く作るためには制約がある。やむなく見送ることにしたが、しきりに残念がっていたという。

リベンジの機会を失った信治郎は急に老けこんでいった。

屋敷内の日あたりのよい部屋でコタツにあたりながら、昼間はおとなしく孫たちと遊び、夜になるとテレビで力道山の試合を楽しんだ。幸せな老後と言うべきだが、彼が暴君として君臨していた時代を知っている敬三からすれば、寂しいような悲しいような気持ちがわいてくる。

そんな彼が、父親に代わって渾身《こんしん》の力で挑《いど》もうとしていたのが、ビールへの再挑戦だったのだ。

ただ一つ心配だったのは、信治郎が賛成してくれるかどうかである。親孝行のつもりでも、本人が喜んでくれなければ意味がない。

この場面は、『サントリー七十年史』の中で次のように描写されている。

昭和三十五年の某日、佐治敬三は雲雀丘《ひばりがおか》の邸で静養している父信治郎の枕頭《ちんとう》で、ビール製造の決意と企図をうちあける。信治郎はしばらく考えこんでいたが、やがて低い声で、自分はこれまでサントリーに命を賭けてきた。あんたはビールに賭けようというねンな。人生はとどのつまり賭けや。わしは何もいわない。

「……やってみなはれ」

といった。

細心に細心をかさね、起り得るいっさいの事態を想像しておけ。しかし、さいごには踏みきれ。賭けろ。賭けるなら大きく賭けろ。賭けたらひるむな。徹底的に食いさがってはなすな。鳥井信治郎の慣用句〝やってみなはれ〟にはそういうひびきがあった。八十三年の生涯にもっともしばしば彼が使った日本語はこれである。

『サントリー七十年史』の執筆を頼まれた開高が、いちばん思い入れを込めて描いた場面である。

昭和四十三年（一九六八）に大阪の中座《なかざ》で、鳥井信治郎の生涯を描いた『大阪の鼻』が上演されたときも、クライマックスがこのビール進出の決意を告げるシーンであり、脚本家の北条誠《ほうじょうまこと》は信治郎役の長門裕之《ながとひろゆき》に、この言葉を語らせている。

サントリーと言えば「やってみなはれ」精神というのが本格的に広まりはじめたのも、この『大阪の鼻』と、その翌年に発刊された『サントリー七十年史』あたりからだった。

ところが敬三は、平成五年（一九九三）四月に日本経済新聞に連載された「私の履歴書」に加筆して出版した自伝『へんこつ　なんこつ』の中で、次のように書いている。

〈昭和三十五年、自宅で静養している父の枕元で、私はビール事業進出の決意を打ち明けた。しばらく考えこんでいた父は、やがて低い声で「やってみなはれ」とつぶやいたことになっている〉

〝つぶやいたことになっている〟という表現は意味深《いみしん》である。おそらく実際には、信治郎との間にこうした劇的な会話はなされなかったのだろう。信治郎には、息子が自分の敵討ちをしてくれると聞いて感激の涙を流すほどの人生の余熱はもう残っていなかったのだ。

だが佐治家に養子に行き、家業を継ぐことなど考えもしていなかった次男の敬三が、寿屋を日本有数の大企業に成長させ、父親の果たせなかった夢に挑戦しようとしている。不退転の決意を告げている姿は、たとえそれがどんなものであったにせよ、十分劇的だったに違いない。

昭和三十四年（一九五九）四月、敬三はビール事業開始に先立って、英語に堪能《たんのう》なけい子夫人を伴い、百日間という長期にわたる欧米視察の旅に出ている。物見遊山《ものみゆさん》の旅ではない。洋酒先進国の敵情視察である。欧米化によって日本の洋酒文化がどうなっていくかを視野に入れながら、今後の事業展開について思索を巡らすのが目的であった。

ビールへの関心を表に出さないため、最初に訪れたのはウイスキーの本場英国である。

すでに「サントリーウイスキー」の名はとどろいている。ほとんどの蒸留所では〝Kotobukiya〟と聞いただけで警戒され、見学を許してもらえない。そこには、業界に君臨していたDCL社（The Distillers Company Limited、現在のディアジオ）の影がちらついていた。

DCL社は明治十年（一八七七）に発足した英国のウイスキー業者の集まりで、第一次世界大戦後にはスコッチウイスキーの三分の二を傘下に収めていた。その後、シェアを落としつつあったが、依然としてサントリーにとっては見上げるような巨人であった。

「DCLに警戒してもらえるとは光栄やな」

敬三は、視察を断られながらも余裕の発言である。そのうちDCL系でないところが、〝写真撮影禁止〟〝質問禁止〟という条件つきで見学を許可してくれた。

〈見てしまえば何のことはない。何から何まで、山崎工場と全く変るところがないのを確かめただけのことなのだが……〉（佐治敬三『洋酒天国』）

このとき抱いた率直な感想を、彼はこう記している。

一方で、デンマークに三〇種類のビールがあることに驚嘆し、ビールの味の多様化が日本はまだまだ遅れているという印象を抱いた。新しい市場は確実にある。ビール事業参入に自信を深めていた。

それでも慎重に事前準備を行ったのには理由があった。

彼らより一歩先に〝ビール戦争〟の渦中《かちゅう》に身を投じていた焼酎《しょうちゅう》メーカー最大手の宝酒造が、血みどろの戦いを繰り広げていたからである。

佐治敬三の決断の重さを知るためにも、まずは彼らの奮戦ぶりについて触れておきたい。

宝酒造がビール事業への参入を決意したのは、終戦直後の焼酎ブームが終わりを告げ、昭和二十七年ごろから販売高の伸びに、はっきりと鈍化の兆しが見えていたからだ。

急激なインフレで物価が急上昇していたにもかかわらず価格を下げないと売れなくなり、昭和二十三年七月に一升あたり七〇〇円だったものが、昭和二十五年四月には四五〇円になり、昭和二十六年十二月には三七一円へと大きく下落していく（週刊朝日編『戦後値段史年表』）。価格の低下は利ザヤの減少をもたらし、販売量の減少も加わって、焼酎業界に破壊的なダメージを与えつつあった。

そして昭和二十八年（一九五三）、彼らはビール業界への参入を決断する。宝酒造にとって、生き残りをかけた戦いだった。

立ちはだかるのは、麒麟麦酒（キリンビール）、日本麦酒（後のサッポロビール）、朝日麦酒（アサヒビール）の〝三社の壁〟である。日ごろはライバル関係にあった三社も、新規参入者が出てくるととたんに一致団結してそれを排除し続けてきた。

宝酒造のビール事業参入は、小規模な醸造メーカーが地ビールを造るのとはわけが違う。みりんを家庭に普及させたことや日本酒の「松竹梅《しょうちくばい》」でも知られる同社は、焼酎最大手として上場も果たし、醸造ノウハウ、会社の規模ともに三社にとって十分脅威となりうる存在であった。

ビール事業進出は早くから業界の噂になっていたが、情報が漏れても宝酒造は動じなかった。自信があったからだ。その油断から足をすくわれることになる。

噂が流れたとたん、三社は臨戦態勢に入った。

宝酒造の参入を阻止できる材料は容易には見当たらない。ビール醸造のためには当局（大蔵省）の免許取得が必要だが、宝酒造の企業規模や新設を予定しているビール工場の製造能力、品質管理、販売力など、どれをとっても非の打ちどころがない。

宝酒造中興の祖として知られる大宮《おおみや》庫吉《くらきち》会長は、昭和二十九年の年頭の挨拶でビール事業進出を正式に発表し、翌月、所轄官庁である大蔵省に対し、ビール製造免許の申請を行った。

だが三社はしたたかだった。なんと彼らも一斉にビールの増産を大蔵省に申請するのである。宝酒造の参入余地をなくしてしまおうという作戦である。三社が増産を申請したのは計二〇万石（一石は一八〇・三九リットル）。経済復興によって市場が拡大していたとはいえ、これだけ増産すれば宝酒造の参入余地は皆無だ。

大蔵省は何とか調整を試みる。三社を説得して増産をやめさせようとするが、各社とも頑強に抵抗した。宝酒造もまた新規参入の旗をおろさない。時間だけが経ち、ずるずると免許取得が遅れていった。三社の思うつぼだ。

事業開始のために、資金も人材もすでに準備している。参入が遅れるということは、利益を生まないまま、調達資金の借入金利と人件費を払い続けていかねばならないことを意味する。宝酒造は焦りに焦りながら、これが〝三社の壁〟なのだとあらためて実感していた。

結局、宝酒造のビール事業参入は、申請から七ヵ月が経った同年九月一日に認可される。

昭和三十二年一月から仕込みを開始し、同年四月一日、ようやく発売にこぎつけた。免許申請から三年あまりが経っていた。

わが国のビールの主流は、今も当時も下面発酵《かめんはっこう》で醸造され熟成過程を経た「ラガービール」である。宝酒造は同じラガービールでも、ドイツビールに範《はん》をとり、ホップの香りと苦味を前面に出し、これまでの三社のビールとは一線を画そうとした。

容器に関しても差別化を試みた。大瓶（六三三ミリリットル）では少し多いが小瓶（三三四ミリリットル）だとちょっともの足りないという需要に目をつけ、五〇〇ミリリットルの中瓶を採用した。

日本橋《にほんばし》の東京事務所一階を改造した「タカラビヤホール」をオープンさせ、サトウハチロー作詞、服部良一作曲による、ダークダックスが歌う「タカラビールの歌」を発表するなど、活発な広報宣伝活動を展開した。

こうした懸命の努力にもかかわらず、タカラビールの売れ行きは芳《かんば》しくなかったのだ。

ドイツ風の苦味の強さが消費者の好みに合わなかった。ラベルのデザインがやぼったく、ドイツ風といううたい文句からほど遠い印象だったのもマイナス要因だった。五〇〇ミリリットルの中瓶も、これまでのビールケースに入らないため、小売店から扱いづらいと不評を買った。まさに踏んだり蹴ったりである。

だが、ここで宝酒造は柔軟な姿勢を見せる。

失敗だと見てとるやプライドを捨て、すぐに当初の方針を転換したのだ。

発売から四ヵ月後には、従来の規格である大瓶の出荷を開始する。ビールの味も翌年には他社同様の軽めのものに変えた。やぼったいと不評だったデザインも一新を図り、〝新しいラベル、新しい味〟と華々《はなばな》しく宣伝された。

それでもまだ、彼らには大きな課題が残されていた。販売網の問題である。

生産と販売は車の両輪だ。三社は販売店の系列化を進めており、ビールにはビールの販売網がある。特約店形式で販売しているところに新参者の商品をのせてもらうのは、きわめて困難なことだった。

単一メーカーのみを扱う特約店の多い阪神地方なら何とかなると思った宝酒造は、阪神麦酒販売株式会社という卸売会社を設立して販売網を確保する。だがもっとも大きい市場である京浜地方に多い、複数メーカーを取り扱う仲卸店《なかおろしてん》では〝三社の壁〟が厚く、タカラビールはほとんど扱ってもらえなかった。

ビールに会社の存亡をかけている宝酒造はあきらめなかった。

販売網が貧弱な分、居酒屋やビアホール、キャバレーなどの大口契約を狙った。成功例が、居酒屋を全国展開していた「養老乃瀧《ようろうのたき》」である。

そんな努力の甲斐《かい》あって、販売開始した昭和三十二年に一・〇パーセントだったシェアが、三十五年には二・一パーセントと徐々に上向いてきた。昭和三十七年（一九六二）三月には二八億円をかけ、京都に新工場を完成させて増産体制を整えた。

ところが市場シェアのピークは昭和三十六年の二・六パーセントで、それを境に下落に転じてしまう。ここぞとばかりに三社はタカラビールの息の根を止めにかかった。

大口先の養老乃瀧チェーンをサッポロビールに奪われ、売り上げはいよいよ低迷し、さすがに戦意を喪失。参入から十年が経った昭和四十二年（一九六七）、ついにビール事業からの撤退を決める。この年のシェアはわずかに〇・四パーセントになっていた。

彼らは最後まで不運だった。撤退計画が事前に漏れて小売店にそっぽを向かれてしまい、在庫の販売が進まず、あわや倒産の危機というところまで追いつめられる。全社員が一丸となって知恵を出しあい、残った九〇〇万本を台湾に輸出するという離れ業を演じてなんとか最悪の事態は切り抜けたが、従業員数はピーク時（昭和三十九年）の三一四三名から一三〇〇名に減少するという深い傷跡を残した。


宝酒造が七転八倒する姿を目の当たりにしながら、それでも佐治敬三はあえて彼らがビール事業から撤退する四年前に新規参入を試みるのである。

ここで、この時点でのビール業界の勢力図を確認しておこう。

寿屋のビール事業参入の前年にあたる昭和三十七年の各社シェアは、麒麟麦酒四五・〇パーセント、日本麦酒と朝日麦酒が並んで二六・四パーセント、宝酒造が二・二パーセントである。それは先述した、宝酒造が京都新工場を完成させた年にあたる。苦戦を強いられていた彼らでさえ工場を増設するほど、市場は拡大基調だった。

昭和三十六年（一九六一）四月、敬三は若い四人の技術者を、ビール醸造を学ばせるためにドイツに留学させた。羽田空港から出発する際には大きな幟《のぼり》を振って盛大に彼らを送りだしたが、ビール研修であることは対外秘である。先述した〝シュタインヘーガー作戦〟であった。

彼らに任せきりにしていたわけではない。

敬三は再び視察旅行を敢行する。同年十月、宣伝部長杉村正夫ほか数名と、例によってけい子夫人を連れ、〝ビアライゼ〟（ビールの旅）と呼ばれることになるヨーロッパ各国訪問の途についた。

こちらの意図を知られないよう、前回同様、スコットランドのウイスキー、フランスのワイン醸造所も見て回ったが、今回の目的はあくまでも新発売のビールをどういった味わいのものにするかを決めることにある。

先行する三社との差別化をはかることは宝酒造も考えたことであったが、それを自分たちこそ成功させてやると心に決めた。

「クッキリした個性のあるビールを作らねばならない。日本国内のビールはどこも似たり寄ったり。われわれは第五のビールを目指すのやない。第二のビールを目指すのや！」

そう呪文のように繰り返した。

父信治郎の挑戦は、日本人のほとんどが知らないウイスキーのおいしさをわからせることだったが、敬三の挑戦は、日本人のだれもが知っていると思いこんでいるビールの本当のおいしさを知らしめることであった。

ドイツで研修生たちに会って激励し、さっそく著名なビール会社を訪ねて歩いた。一軒一軒、工場と研究所に行って見学しながら質問をする。続いて試飲だ。輸出用と国内用では微妙に品質を変えていることもわかってきた。ビールもウイスキー同様、しばしば三種類から五種類の原酒を混ぜる。すると当然、ブレンドの技術が勝負となる。腕が鳴った。

敬三は試飲をする前、まず指で瓶にそっと触れる。冷えかたを確かめるためだ。そしておもむろに栓を抜いてグラスに注ぐと、それを光に透かして色や泡の立ちかたを確かめる。

次に飲む。ぐびぐびと飲むわけではない。一口ふくむと舌にのせ、くるくると口の中でまわして歯ぐきに沁みこませ、香りを鼻に抜き、ここでようやくごくんと飲みくだしてのど越しを確かめる。

熾烈《しれつ》なビール戦争への参戦準備だけに、一回一回が真剣勝負であった。

ドイツ以外にも各国のビール工場を見学して回った。

夜もそれぞれの国で試飲がてらのバーとレストラン巡りが続き、ホテルには帰って寝るだけ。朝になると再び工場見学。二時間ほどかけて情報を取れるだけ取り、すべての銘柄の試飲をし、また次の工場でも同じことが繰り返された。

朝十時ごろにホテルを出て、夜十時ごろに帰ってくる。旅行気分など微塵《みじん》もない。五感をすべて研《と》ぎ澄ませ、体力勝負の旅だった。

デンマークのコペンハーゲンで、オスカー・デイヴィッドソンというデンマーク名物のスモーブロー（オープン・サンドイッチ）専門店に入ったとき、「カールスバーグの樽生《たるなま》」を試飲した。

デンマーク王室御用達のビールで、ラベルに王冠のマークがついていることで知られる。ヨーロッパのビール通の間にも根強いファンを持つ本格派のビールだ。見た目も素晴らしく、飲むとさらに魅了された。まさに〝クリーン＆マイルド〟。二杯三杯と杯を重ねた。

男女の仲もそうだが、ときめきは突然やってくる。

（これでいこう！）

このビールにほれ込んだのだ。それは宝酒造が目指したような〝こくのある濃い色のミュンヘンタイプ〟ではなく、〝軽快で淡い色のデンマークタイプ〟だった。

デンマークでビール醸造指導を行っているヨルゲンセン発酵研究所に依頼し、八人の研修生を受け入れてもらうことにした。

デンマーク語で乾杯のことを〝スコール〟と言う。これ以降、敬三はサントリービールで乾杯するときには必ず、

「スコール！」

と絶叫するようになる。

新しいビールのコンセプトは決まった。あとは挑戦するのみである。敬三は、サントリービールを世に送り出すXデーを、昭和三十八年（一九六三）四月と定めた。もう後戻りはできない。

まずはビール工場用地の確保に動いた。ビールは新鮮さが要求される。生産工場は大量消費地に近くなくてはならない。工場の候補地はいくつかあったが、ボーリング調査し、伏流水が水質、水量とも申し分ないことを確認したうえで、東京郊外の府中市矢崎町に決めた。

当時のこのあたりはのどかな田園地帯だったが、シュタインヘーガー作戦の真っ最中だから、ビール工場用地だと言って買収交渉することはできない。ウイスキーの瓶詰や甘味果実酒などを製造している多摩川工場に地主たちを案内し、ウイスキー山崎

蒸溜所のPR映画を見せ、

「この二つを合わせたような工場が出来るんです」

と説明するほかなかった。

用地買収はとんとん拍子に進んだ。そしてビール製造の免許取得に動く段階でようやくビール工場であることを公表し、彼らに謝罪した。慎重の上にも慎重を期したのだ。

昭和三十六年（一九六一）五月三十日、信治郎は取締役会長に退き、敬三が社長に、弟の道夫《みちお》は専務に就任することが発表された。

すでに敬三は、事実上、社長の役割を果たしていたから、この社長交代に驚きはなかったが、そこに込められた思いは深い。ビール事業参入は自分の責任で行うのだという、強烈なメッセージだった。

彼はこのとき、まだ四十一歳の若さである。ファミリー企業の後継者は、同年代のサラリーマンよりも老成していることが多いが、それにしても堂々たる経営者ぶりであった。

敬三はあえて、ウイスキーのマスター・ブレンダーの肩書だけは信治郎に残した。

偉大な創業者である父親への敬意のあらわれであった。赤々と燃えていた信治郎の命の炎は、老衰によっていよいよ風前のともしびになっている。敬三に残された時間はあとわずかしかなかった。

九月八日、立川税務署にビール製造の内免許申請書を提出したあと、帝国ホテルでプレスリリースを行った。このとき、シュタインヘーガー作戦はそのミッションを終えた。既存のビール業界に〝ひと泡〟ふかせることに成功したのである。

発表のタイミングを決めるのにも相当神経をすり減らしたが、ギリギリまで機密が漏れなかったことには、敬三自身がいちばん驚いていた。

寿屋の面々は、いつも言いたい放題やりたい放題で、個性的と言えば聞こえはいいが、表面上はまったく統制がとれていない。そんな社風を楽しんでもいたのだが、いざというときには気持ちを一つにし、同じ目標に向かって一枚岩になれることを、今回いみじくも証明してくれた。そのことが何より嬉しかった。

もちろんそれは、誰も機密を漏らす気が起こらないほどの緊張感に包まれていたということの裏返しでもある。それはそれで、敬三の狙いどおりであった。

だが記者会見の際、気持ちが高ぶっていたからだろう、言わずともよい大風呂敷を広げてしまう。

「五年以内にシェア一〇パーセントにしてみせまんがな!」

悲しい大阪人の性《さが》である。サービス精神旺盛で、つい記事に書きやすそうなことを言ってしまう。そのことで彼は後年、手痛い目に遭うことになる。

初戦惨敗

ビール事業参入の準備に奔走しながらも、気になっていたのは信治郎の健康状態だ。

（はよビールで成功してるとこ見せてやりたい！）

そう願っていたが、ついにそれは叶《かな》わぬ夢になってしまう。

敬三が社長に就任した昭和三十六年（一九六一）、暮れから、信治郎は風邪をひいていた。老人の風邪ほど怖いものはない。案の定こじらせ、急性肺炎となってしまうのである。哀しいほどすみやかに衰弱していき、日をおかずして危篤《きとく》状態に陥った。家族が見守る中、昭和三十七年（一九六二）二月二十日午前一時三十分、大阪が生んだ稀代《きだい》の傑物・鳥井信治郎は波乱に富んだその人生の幕を閉じたのである。享年《きょうねん》八十三。

同夜、通夜が執り行われ、翌二十一日午後一時から鳥井邸で密葬が行われたうえで、二十五日午後一時から大阪・四天王寺本坊において社葬がいとなまれることになった。

友人総代は当時首相だった池田勇人《いけだはやと》、弔電二千余通、会葬者は五〇〇〇人を数え、今さらのように彼の残した足跡の大きさを物語った。弔電の送り主の中には、かつて山崎工場見学に訪れてくれた吉田茂《よしだしげる》元首相も含まれている。正五位勲三等旭日中綬章《きょくじつちゅうじゅしょう》が授与された。

四十九日もあけ、五月二十二日、新発売のビールの名称を「サントリービール」と決定した。

この「サントリービール」が店頭に並ぶのを、あと一歩というところで信治郎に見せることができなかった。その胸の内を、敬三は『サントリー七十年史』の中で次のように吐露《とろ》している。

〈昭和三十七年二月二十日、父死去。サントリービールの最初の一本を父の舌と鼻で唎《き》いてほしいという願いは、かなわなかった。霊前に供えることの空しさは、言葉では言えない〉(「この道ひとすじに」)

こういうとき、男の友情というものが、男女の関係にあるものや家族のそれよりも心癒《い》やしてくれることもある。敬三はビール発売を前にして、開高と旅に出ることにした。行き先はヨーロッパだ。

信治郎の死去から四ヵ月後の六月、デンマークのコペンハーゲンを振り出しに、ノルウェー、スウェーデン、ドイツと回り、最終目的地をパリに置いた。

前回の〝ビアライゼ〟は「どのようなビールにするか」を決める旅だったが、今回は「どのように売るか」というマーケティング調査を視野に入れた旅にしようと考えた。シュタインヘーガー作戦中のようにこそこそする必要がなくなった分、堂々と、毎日朝早くから工場や研究所を訪ね歩ける。

その様子を開高は、ユーモアたっぷりに次のように描写している。

〈佐治氏はいっしょうけんめい朝から晩までビールをテストすることにふけっていたが、私はそのよこにすわって、なにやらしきりに合槌《あいづち》をうったり、感心して首をふったり、エエ、マアとか、ハイ、イイエとか、イヤドウモなどとつぶやいているだけでよかったのである。そして、鼻、のど、舌、食道、胃、大腸、膀胱《ぼうこう》、尿道などでさしたる研究心もなく、無邪気にビールを味わっているだけでよかったのである。私にとって、そんなのんびりした外国旅行ははじめてのことだった〉（開高健「ビール、ビール、ビール！……」『サントリーのすべて』）

敬三とビール戦争を一緒に戦うには、彼の中の〝作家〟としての自覚が勝ちすぎている。だが今は、敬三に寄り添ってやろうと決めた。酒屋を回って数十本ものビールを買い込んできて、夜は一緒にホテルの部屋にこもって利《き》き酒《ざけ》をした。

男の友情とは、淡きこと水のごときものである。そばにいてくれるだけで、勇気がわいてくる気がした。いやそれどころかビール戦争参戦前の気負いもあって精神が高揚し、興奮気味にさえなってきた。

敬三はこのとき、

「トルストイの小説の題を借りるならば……」

と重々しい前置きをして『知恵の悲しみ』という本のタイトルを引用しながら、次のように熱く語った。

「日本のビールはみんなおんなじ味で際立った個性がない。最初の一口にぞうきん臭いにおいがある。わしは日本のビール飲みに〝知恵の悲しみ〟をあたえてやりたい。今の日本には一つのタイプのビールしかないんやから批評のしようがない。批評のできないやつに酒は語れない。日本でいちばん伝統があるのは日本酒やけど、今はほとんどが甘口で、これもハンコおしたような味になってしまった。比較の精神のないとこに文化は育たん！」

〝ぞうきん臭いにおい〟はいくらなんでも言いすぎだし、『知恵の悲しみ』は同じロシア文学者でもトルストイではなくアレクサンドル・グリボエードフの喜劇だと思うが、それはひとまずおく。

ともかく彼は、この国にウイスキー文化を定着させたように、ビールでも新しい文化を提示していくつもりだった。

饒舌《じょうぜつ》さでは人後に落ちない開高が、

「なるほど……」

と相槌《あいづち》を打つのが精いっぱいだったというから、敬三の熱弁がいかばかりのものであったかがうかがえる。

彼の頭の中には、もうすでに「サントリービール」のイメージがしっかりできあがっていて、その〝頭の中の「サントリービール」〟を気の早いことに開高に自慢しはじめた。

「日本のビール飲みに〝知恵の悲しみ〟をあたえるのがサントリービールや。これを飲んだら、ほかのビールをありがたがっていた自分がすっかり悲しうなる。そういう役割を担《にな》うのがサントリービールや。せっせと飲んでくれよ！」

「一杯だけじゃいけませんか？」

勢いにのまれた開高が、気の抜けた質問をしても、敬三の勢いは止まらない。

「君は一杯でもええが、相手には二杯、三杯とすすめてほしいな。そして〝知恵の悲しみ〟を広げてほしい。これはええもんや。人間を謙虚にするよってな！」

よほど気に入ったらしく〝知恵の悲しみ〟を連発していた。

開高のおかげもあって、父親を亡くした心の傷はようやく癒《い》えはじめていた。

そして二人は最終目的地のパリに到着する。

パリ好きの開高は飛行機を降りてすぐ、陶然とした表情で、

「パリが『ボンジュール、たけし』とよんでまっせ！」

と口にして敬三を苦笑させた。

時はあたかも十月、パリのマロニエ並木は黄金色に輝いている。カフェの店先で旬《しゅん》の牡蠣《かき》にレモンを絞り、冷えたシャブリと一緒に舌鼓《したつづみ》を打ち、蚤《のみ》の市《いち》をぶらつき、屋台で山盛りのムール貝を白ワインで楽しんだりしていると、パリでの滞在はあっという間に過ぎていった。

〝憂愁のパリ〟という言葉があるが、躁《そう》状態になっていた敬三も開高と別れる段になると、さすがに少しセンチメンタルな気分になってきた。

そして最後の夜、二人はセーヌ川のほとりをぶらぶら散歩した。

サン・ミシェル橋のあたりで河辺に降り、並んで腰を下ろした。開高がこのときの会話を「ビール、ビール、ビール!……」の中で次のように再現している。


「シャルトルはよかったナ」

「ほんとです」

「背骨がふるえたナ」

「すばらしいですね、ほんとうに」

「明日、日本へ帰る」

「もっとここにいなさいよ」

「君はスペインへいくのか?」

「ええ。闘牛とゴヤを見にいきます」

「ここへはまたこよう」

「昨日、ノートルダムの広場のまんなかで真鍮板《しんちゅうばん》を踏んだでしょう。あれがフランスの里程標の出発点です。日本橋です。あれを踏んだらまたパリへ来れるということになっているんですよ」

「ええな」

「グッと踏みましたよ」

「わしもグッと踏んだ」

まるで恋人同士の会話である。

オルリー空港で互いの健康とパリとの再会を祈ってコニャックで乾杯した。そして、さらに旅を続ける開高をうらやましげに見送って、敬三は一人帰国の途についた。


宝酒造の戦いを参考とし、敬三は彼らがもっとも苦しんだ販売網の課題解決に乗り出した。

彼が考えたのは、ライバルの懐《ふところ》に飛び込もうという奇想天外な作戦である。既存メーカーの特約店を利用させてもらおうとしたのだ。

信治郎の人脈がここで生きた。朝日麦酒社長の山本為三郎《やまもとためさぶろう》に相談に行ったのである。山本と信治郎は船場《せんば》時代の竹馬の友。無理を承知で特約店を開放してもらえないかと頭を下げた。

すると意外にも、相談に行ってわずか二度目で了解してくれた。

「分かった、抱いたろ。サントリービールはアサヒビールや」

鼈甲《べっこう》の眼鏡をかけ、紳士然とした山本だが、そこはやはり関西人だ。〝抱いたろ〟という生々しい言葉で軒先を貸してくれたのである（昭和六十年十月二十日付神戸新聞「経営者の決断　あの日あの時」）。

だが山本は抜かりない。

寿屋に加担したと言われては業界で非難を浴び、社内の士気も下がる。そこで、ソロバンずくだと社内外ともに納得させられるような条件を出してきた。工場の新設や増設は朝日麦酒の承認を受けることや、値段その他の販売条件をアサヒビールと同一にすること、といった厳しい内容である。

それだけではない。山本はこの条件の履行を確実なものとするため、何と保証人を要求してきた。これには鼻白《はなじろ》んだが、後には引けない。

山本のほうから保証人を二人指名してきた。一人は東洋製罐《せいかん》会長高碕達之助《たかさきたつのすけ》で、もう一人が大阪毎日新聞会長の本田親男《ほんだちかお》。財界とジャーナリズムの巨頭である。山本に言われるがまま敬三が保証人になってほしいと依頼に行くと、不思議なことに二人とも同じ言葉を口にした。

「引き受けた。お父上から君のことをよろしく頼むと言われとったからな」

ここでも信治郎の余徳が生きたのだ。高碕は自宅のご近所さんで家族ぐるみの付き合いだったし、大阪毎日新聞は経営難のとき、信治郎が大きな広告を出して支えたことがあったのである。

敬三は心の中で手を合わせた。

こうして昭和三十七年十二月二十日、サントリービールが朝日麦酒の特約店を通じて販売されることが発表された。

ところがその直後の昭和三十八年（一九六三）二月二十七日、敬三のもとに驚くべき知らせが届く。朝日麦酒が日本麦酒（昭和三十九年にサッポロビールと商号変更）との合併を検討中だというのだ。

山本はすでに、業績が低迷していたニッカの発行株式の半分を取得し、高級ウイスキーに固執する竹鶴政孝《たけつるまさたか》（ニッカ創業者）を上手に誘導しながら、実質的に朝日麦酒の傘下に収めつつあった。

おそらく内心ではニッカ同様、寿屋をも傘下に加えたアルコール業界大再編のシナリオができていたのではないかと思い至り、敬三の背中に冷たいものが流れた。

結局、一ヵ月後、合併問題は白紙に戻すと発表されて事なきを得たが、ビジネスは実弾が飛び交わない戦争なのだということを再認識させられた。

山本の上品で優しそうな風貌《ふうぼう》を思い浮かべながら、商売っ気をギラギラと顔に出していた信治郎のほうがよほど人はよかったのかもしれない、という思いがした。

寿屋のお家芸が広告宣伝だ。そのPR力は、ビール進出に際しても最大限に発揮された。

昭和三十八年の元旦、世間は、東京毎日新聞、大阪、中部朝日新聞を飾った十五段抜きの全面写真広告を見て度肝《どぎも》を抜かれた。「勉強してきた39人!」というタイトルで、そこにはビールの製品開発や宣伝にたずさわった人間が勢ぞろいしていたのである。

最前列のまん中で晴れやかな笑顔を見せる敬三の横には、楚々《そそ》とした雰囲気のけい子夫人が寄り添うように立っている。今でもそうだろうが、会社の広告に社長夫人が登場するというのは異例のことだ。

仕掛けたのは開高だった。電話でけい子の了解を得たうえ、当日の服装まで助言していた。

保守的な財界人の中には批判する向きもあったが、敬三は開高の配慮に素直に感謝していた。最初の欧米視察や二度目の〝ビアライゼ〟における彼女の内助の功はめざましいものがあった。彼女の支えあったればこそ、ここまでたどり着けたのだ。開高はそんな敬三の思いを汲んでやったのである。

その開高はいちばん後ろにいた。全員背広かブレザーなのに、自分だけ〝ゾルボンヌ大学の学生服〟という珍妙な姿で満足そうに微笑んでいる。

武蔵野ビール工場の完成が目前となった昭和三十八年三月一日、敬三は新天地に向かう思いを込め、社名を寿屋からサントリー株式会社へと商号変更した。

文字どおり、寿屋を新しい会社に生まれ変わらせようとしたのだ。今日ではカタカナや英語の社名は珍しくないが、当時では斬新《ざんしん》な試みであり、今で言うCI（コーポレート・アイデンティティ）の走りと言えるだろう。

世間の関心が高まる中、昭和三十八年四月二十日、武蔵野工場竣工式の朝を迎えた。敷地面積九万平方メートル。社運を賭けて建設したビール工場がついに完成したのである。前夜来の豪雨がからりと上がって、雨傘やぬかるみ対策にてんやわんやであった担当者たちをほっとさせた。

池田勇人首相夫人が祝賀会の乾杯の挨拶をするなど、華やかな雰囲気である。来賓の中には田中角栄《たなかかくえい》大蔵大臣（のちの首相）や山本為三郎朝日麦酒社長のほか、世話になったヨルゲンセン発酵研究所長のヘルム博士やT・B・ニールセン・デンマーク大使の姿もあった。

のちにこのビール工場は、ユーミン（松任谷由実《まつとうやゆみ》）の名曲『中央フリーウェイ』でも知られるようになる。中央自動車道でもこのあたりはずっと直線で、「この道はまるで滑走路、夜空に続く」というロマンチックな歌詞がぴったりだ。

準備に抜かりはない。大阪と東京にあわせて約一〇〇名のビール営業部を設けた。そのうちの約三〇名は中途採用である。販売前に冬の山中湖で合宿を行い、結束を固めた。

こうして昭和三十八年四月二十七日土曜日、新工場から出荷されたサントリービールが店頭に並び、販売が開始された。

――サントリーの興廃は、この一戦にかかっています。各位いっそうの奮励を切にのぞみます

社内に敬三直筆の檄文《げきぶん》が貼りだされた。

言うまでもなく、日露戦争の日本海海戦の折、旗艦「三笠」から発せられた「皇国

ノ興廃此ノ一戦ニ在リ、各員一層奮励努力セヨ」という有名な訓示を踏まえたものだ。サントリーの社内はまさに、バルチック艦隊を前にした連合艦隊のような、異様な緊張感に包まれていた。

ありがたいことに、この新しいビールの船出を各紙とも大きくニュースにしてくれた。読売新聞の「ビール業界に〝ひとアワ〟」という見出しなどは秀逸である。

これだけ話題になったのだ。ビール愛好家の多くは、まずはどんなものかと大いなる期待を持ってぐびっとひと口飲んでくれた。

ところがしばらくの沈黙の後、彼らは小首を傾《かし》げ、

「どこか妙な味だね」

「何やけったいな味やな」

とグラスを置いた。

こういう場合、人はみなビール評論家に早変わりしてウンチクを垂れる。

「やっぱり作った会社の色が出るもんやなぁ。タカラビールは焼酎臭かったけど、サントリービールはウイスキー臭い」

これは笑い話ではない。本当にそうした噂が流れていた。誰かが意図的に流したのではないかと勘繰りたくもなるが、発売開始して一週間も経たないうちに出荷の足が

止まった。

現実はなによりも雄弁である。このビールの個性は、発売時のタカラビール同様、保守的で変化を好まないわが国の消費者の支持を得ることができなかったのだ。ビールは古くなると味が落ちる。売れないとまずくなる。まずいと売れなくなる。そんな悪循環が始まった。

こうなると社員も必死である。親類縁者に頭を下げて回り、一人で一〇〇ケース売ったという猛者《もさ》も現れた。だがまだ足らない。急遽《きゅうきょ》、営業以外のセクションから約二〇名が集められ、ビール特販部隊が編成された。通称「新撰組」。連日、遅い時間まで酒販店を回って頭を下げ続けた。

夜、バーへ売り込みに行き、カウンターの中に入ってコップなどを洗う手伝いもした。大規模なバーが開店する際には、厳寒期にもかかわらずコートも着ずに必死にビラを配って通行人にPRした。

それでもビール事業に参入した昭和三十八年のシェアは、フタをあけてみるとわずか一・〇パーセントにすぎなかった。タカラビールの参入時のシェアとまったく同じである。信治郎がビールを発売したときでさえ、寿屋のシェアは三パーセントだった。親父超えどころか惨敗である。

けなして喜ぶのは世の常だ。〝軽快で淡い色のデンマークタイプ〟を目指していたはずが、

「サントリーのビールは出んマーク」

と馬鹿にされた。

物事がすべて思惑《おもわく》どおり運ぶのなら苦労はない。そんなことはわかっていたが、これほどの苦戦は予想していなかった。

会社のエレベーターで一緒になった社員に、

「社長大丈夫ですか?」

と心配される始末だ。

〈自信満々で世に出したビールに対する世評は、率直に言って散々であった〉

敬三は自伝『へんこつ なんこつ』の中でたんたんと敗戦の弁を述べているが、当時の心境はそんな生易《なまやさ》しいものではなかったはずだ。ビールの巨人たちに上から頭を押さえ付けられ、四つん這《ば》いにはいつくばって土の味をかみしめさせられている思いがしたことだろう。

社内に緊張感をもたらそうとした結果、社員以上に敬三自身が、経験したことのない危機感に包まれていた。

そろそろサジ投げるか？

だがこのとき、もがき苦しんでいる暗闇の先に、うっすらと一条《ひとすじ》の光がさしていた。それは生《なま》ビールであった。製造過程で熱処理しないビールのことである。

〈瓶ビールの不評にもかかわらず、ビアホールで飲んでいただく生ビールについてはおほめの言葉が相次いだ〉（『へんこつ なんこつ』）

敬三はこの希望の光をのがさず、〝生〟路線へと大きく舵《かじ》を切っていくのである。

しかし大量に販売するためには、乗り越えねばならない技術的壁があった。

普通、ビールは酵母を取り除くために熱処理する。熱処理していない生ビールは、ビアホールのように樽から直接注いでいる分にはいいが、瓶詰めして流通に乗せ、家庭に販売するのは難しい。瓶の中で発酵が進み、味が変わってしまうからだ。

冷蔵したまま流通させるなら発酵を抑えることもできるが、到底採算があわない。

ビール工場付近の酒屋で販売するのが関の山だった。

何とか熱処理せずに酵母を取り除く方法はないか……このきわめて困難な課題に、

彼らは挑戦しようとする。

当時の事情について詳しい堀出一郎《ほりでいちろう》（サントリー国際本部長、TBSブリタニカ社長を歴任し、退職後、麗澤《れいたく》大学国際経済学部教授）から話を聞く機会を得た。

ある日、ニューヨーク・タイムズに「冷却不要の缶ビール発売」という小さな記事が載っているのが、当時ニューヨーク駐在員だった堀出の目にとまった。NASAが宇宙探査のために開発したミクロフィルターでビールを濾過《ろか》すれば、冷却不要で常温で出荷できるビールが作れるというのである。

（これなら生ビールでも瓶詰めにして売ることができるじゃないか！）

さっそくこれを開発したニューヨークのシュヴァルツ研究所を訪ね、報告書を作成して本社に送った。ところが、

「ミクロフィルター濾過？　今でも珪藻土《けいそうど》（古代の藻類《そうるい》の化石からなる堆積物《たいせきぶつ》で酵母を吸着する性質を持つ）を使って濾過はやってるやないか。コストが高くなるだけや」

という理由で彼の報告書は黙殺され、担当者の机の中で一年間眠っていた。

納得いかなかった堀出は、社長室に敬三を訪ね、生ビールで活路を開くには、ミクロフィルターが不可欠だと直訴した。

敬三は人の話に注意深く耳を傾け、それがいい案だと思ったときには即断即決す

る。そんなときには、右手の人さし指をぴんと立てる癖があった。

このときもお決まりのポーズとともに、

「ええ話やないか、やってみなはれ！」

とゴーサインが出た。


こうして昭和四十二年（一九六七）四月二十日、新ビール「サントリービール純《じゅん》生《なま》」が発売される。

この日の新聞の全面広告では「瓶詰ビールの革命！　サントリーがやりました」の文字が躍り、「ビアホールの〝生《ナマ》〟よりうまいビール」という、いささかオーバーではないかと思われるようなことまで書かれている。

英語の表記は「ＲＥＡＬ　ＤＲＡＦＴ」にした。「ドラフトビール」とは、樽出しの生ビールのことである。「純生」という名前からすれば「ＰＵＲＥ　ＤＲＡＦＴ」とするべきなのを〝ＲＥＡＬ（本当の）〟としたのには、〝これこそが本物のビールだ！〟という強いメッセージが込められていた。

「純生」投入の成果は、はっきりと数字になって表れた。

発売開始前の昭和四十一年には一・七パーセントのシェアだったものが、発売開始した昭和四十二年には一気に三・二パーセントへと上昇。その翌年には四・三パーセントに達する。

容器でも挑戦を試みた。これはかつて宝酒造が手痛い失敗をしたことだ。世間もみなそのことを知っているが、だからこそ挑戦し甲斐があると思ったのだ。

考えたのは缶ビールの強化である。登場間もない自動販売機の普及と二人三脚で、瓶ビール全盛の中、缶ビールで殴り込みをかけようとしたのだ。

当時、三社は自動販売機にあまり力をいれていなかった。当然だろう。彼らには特約店網があるからだ。自動販売機を置けば特約店の売り上げが落ちる。すると当然文句が出る。

ところが販売網の弱いサントリーには失うものが何もない。街角においた自動販売機は、即席のサントリーの特約店になってくれた。ビジネスには、弱みが一転して強みになる瞬間がある。このときがまさにそうであった。

社内ではけっして役員全員がこの作戦に賛成したわけではなかったが、敬三に迷いはない。事業勘と思いきりの良さは、優れた経営者に共通した資質である。トップダウンのできない、多数決重視の経営者などいらない。「やってみなはれ」精神のボトムアップと強力なトップダウンのできるリーダーシップの両方が併存しているところにこそ、サントリーの強さの秘密が隠されている。

当時、缶ビールといえば、三五〇ミリリットル缶が標準サイズだったが、あえて五〇〇ミリリットル缶に挑戦する。タカラビールが五〇〇ミリリットル瓶で失敗したことを、彼らは缶でやろうとしたのだ。

この量に消費者ニーズがあるという宝酒造の着意に間違いはない、そう敬三は判断した。タカラの場合、小売業者が扱いにくいと不満を持ち、販売高が伸びなかったわけだが、自分たちは文句を言わない機械で売ろうとしているのだ。

新たに缶を作ろうとするとコストが高くつく。既製缶はないか調べてみた。

このプロジェクトに加わっていたのが先述の堀出だ。彼はこのとき、殺虫剤の缶ではどうかとひらめいた。調べてみると確かに五〇〇ミリリットル缶が作られている。

ビール需要が増える夏が近づいてきており、気は焦ったが、夏は殺虫剤の売れる季節でもある。突然ビール用に別途生産してくれと言われても、生産ラインを急に増強するのは難しい。

それを必死に説得し、何とか了解を得ることに成功する。

だが夏に間に合わせようと思うと、昼間の通常操業だけでは無理であることがわかった。町中にある工場で深夜に騒音を出すことなどできない。万事休すかと思われたそのとき、製缶会社の技術者の一人がぽつりとつぶやいた。

「工場の壁に防音用毛布を取り付けてみたらどうだろう……」

さっそく実験してみた。

（いける！）

有効性が確認でき、深夜作業が可能になった。これは佐治直伝の企業家魂に他ならない〈「諦めずに何とかする」という執念。〉（堀出一郎「エトヴァス ノイエス（日々に新たに）企業家 佐治敬三（一九一九－一九九九）」）

堀出は当時を振り返り、そう誇らしげに語っている。

この五〇〇ミリリットル純生缶は売れた。タカラビールのときには冷ややかだった他社も、このときばかりは五〇〇ミリリット缶をすぐに真似しはじめた。

この世界では、高邁《こうまい》な理想も高論卓説も役に立たない。消費者に受け入れられた者だけが勝者なのだ。

売り上げを伸ばすと叩かれる。昭和四十四年（一九六九）、〝生〟で先行するサントリーをターゲットとした〝生〟論争が巻き起こった。

加熱殺菌しないのが生ビールだから、酵母が生き残っているのが普通だった。ところがサントリーは、役割を終えた酵母をすべてミクロフィルターで取り除いてしまうので酵母がいない。それを生ビールと呼ぶのはおかしいのではないかというのである。

決着がつくのに十年かかった。

昭和五十四年（一九七九）に出された公正取引委員会告示第六〇号によって「熱処理をしていないことが重要であって、酵母の有無は関係ない」とされ、サントリー側の主張が通った。

創業八十周年にあたるこの年の初め、生ビール論争に決着がつくことを予期していたかのように、敬三は年頭のあいさつで「純生宣言」を発した。

「一昨年来、ビール市場は本格的な〝生〟時代に突入しています。サッポロびん生、アサヒ本生、生樽、ミニ樽と新製品が相次ぎ、まさに生市場は戦国時代の様相を呈しています。この〝生〟時代の先鞭《せんべん》をつけたのはいうまでもなくサントリー『純生』です。熱処理ビール一色の画一的な市場に対し『純生』をもって挑戦し、新しいビール時代幕開けへのパイオニアとして市場開拓に渾身《こんしん》の力をふりしぼってきました。サントリー『純生』こそ、ナマの本家、〝生ひとすじ〟にかけた私たちの辛酸《しんさん》の積み重ねをいまこそ爆発させようではありませんか！」

そして得意の俳句をこう詠んだ。

――サントリーうって給料上げなはれ

その後もサントリーの起こした〝生〟ブームは続き、十年も経つころには生ビールの売り上げが、従来の主力商品であったラガービールを逆転するという現象が起こるのである。

社員に〝爆発〟を促すだけでなく、敬三もいたるところで〝爆発〟を見せるようになった。

「佐治でございます。一言、謝辞を申し上げます」

挨拶では駄洒落《だじゃれ》やジョークをふんだんに交えながらその場を盛り上げる。それを考えるのは、もっぱら開高の役目だった。

それまではどちらかというと無口で、バーや宴会に行っても静かに酒を飲んでいるタイプだった佐治が、〝ビール戦争〟に参戦してからは人が変わったようになって、宴会では「スコール！」と声高らかに乾杯し、サントリーのコマーシャルソングを歌うようになった。

「佐治君は品がない」

お祭り好きの関西人でさえ、そう顔をしかめる向きもあったが、彼のことをよく知る東急電鉄社長五島昇《ごとうのぼる》は、

「佐治君は、ほんとにビールへの進出以後、人がかわった。あの試練が、佐治敬三というダイヤモンドを磨いたのだ」

と高く評価していたという（近藤弘『関西商法の源流と新流』）。

「純生」発売以降は、店頭で青い法被《はっぴ》を着てみずから販売までした。単なるパフォーマンスではない。彼みずから渾身の力でセールスしはじめたのだ。冷えた「純生」のビール瓶をプリントした派手なネクタイをし、背広の上に「純生」のワッペンをつけたその姿は、まさに〝歩く広告塔〟であった。

「佐治はん、葬式にまでワッペンつけてきはったわ」

と顰蹙《ひんしゅく》を買ったという伝説さえ残っている。

あらゆる機会をとらえて営業に励んだ。ゴルフでは飛ばし屋でハンディキャップ一〇の腕を誇った敬三のホームコースは、自宅から近い猪名川《いながわ》国際カントリークラブだったが、営業を兼ねて全国のゴルフ場を回るようになり、会員になったゴルフコースは三〇を超えた。

ゴルフ場でレストランに座るや否や、メニューにないとわかっていても、わざと大きな声で、

「サントリービール持ってきて！」

と注文する。そして支配人が申し訳なさそうに置いていないことを伝えると、

「ない？　うちのビールはうまいで！」

と、さらに大きな声を出した。〝スッポンの佐治〟と呼ばれるほど三社にくらいついていた矢先、朗報が飛び込んでくる。ベルギーの販売促進センター（ＩＣＳＰ）主催の一九六四年度国際食品コンテストのビール部門で、サントリービールがみごと金賞に輝いたのだ。

金賞受賞は宣伝にはなったが、消費者が雪崩《なだれ》を打ってサントリービールを飲みはじめるほど甘くはない。ビール事業開始の記者会見の際の「五年以内にシェア一〇パーセントにしてみせる」という言葉は、いつまで経っても目標として掲げられたまま。

結局、発売五年目にあたる昭和四十二年のシェアは、「純生」で売り上げを伸ばしたものの三・二パーセントにとどまり、一〇パーセントどころか五パーセントにも届かなかった。そしてこの年、サントリー以上に苦戦していたタカラビールは、ついに撤退を決めるのである。

だが敬三はあきらめなかった。いや、むしろこれまで以上に闘志をむき出しにしていく。

大相撲の人気力士である麒麟児《きりんじ》と旭国《あさひくに》を起用してコマーシャルを作った。「キリン児、アサヒ国」には負けられん、というわけだ（サッポロビールは〝休場〟ということになっていた）。こうした比較広告、挑戦広告のたぐいは、争いごとを好まない日本人の国民性から、かえって反発を招く可能性もある危険な賭けだが、敢えてそこまでやったのである。

首都圏の大手小売店の会を「若獅子会《わかじしかい》」と名づけたのも、「ライオンになってキリンの足を食いたい」という一念からであった。

だが、そんなサントリーをせせら笑うように、キリンはシェアを伸ばし続け、ピーク時の昭和五十一年には六三・八パーセントに達している。

「そろそろサントリーはんも、タカラみたいに撤退しはるんとちがうか？『サジ（佐治）投げた』言うてな」

そんな声さえ聞こえてきた。

もうひとつの戦争

敬三がビール戦争という名の〝断絶の決定の鎖によって織りなされた絵巻物〟の中で、死にものぐるいになって戦いを挑んでいるのを羨《うらや》ましげに眺めている男がいた。開高健である。

ビール戦争をともに戦っているつもりではあったが、その緊張感は経営者のそれとは比べものにならない。文字どおり〝命がけ〟の戦いに身を投じている敬三が、開高にはまぶしかった。

話はビール事業参戦の四年前にさかのぼる。

開高が芥川賞を取ったのは昭和三十三年（一九五八）一月のことだったが、その四カ月後、寿屋を退職した彼を、敬三は月給五万円（当時の小学校教員の初任給は月八〇〇〇円）で週二回勤務の嘱託《しょくたく》にしてくれた。生活の安定と書くための時間を確保したい開高にとって、願ってもない破格の厚遇である。

こうした温かい配慮もあって、敬三との関係は正社員時代よりもさらに濃厚なものとなっていったが、一方で彼は敬三の期待にそうことができず、その遅筆ぶりに拍車がかかるばかりであった。

開高は夜型人間だ。会食などがない場合、午後七時前後に夕食をとり、そのあとすぐに寝床にもぐりこむ。そして夜の十一時前後にもぞもぞはい出てきて机に向かうのだ。

ちびちびウイスキーをすすりながら白い原稿用紙を眺め、本を読んだり、ライターに油をさしたりするうち無情にも時間は過ぎ、そのまま朝を迎えてしまうこともしばしばだ。締め切りぎりぎりまで助走が必要だという性癖《せいへき》はその後も直らなかった。

字は几帳面《きちょうめん》そのもの。一字一字切り離して原稿用紙のマス目に鋳込《いこ》むように書いていく。原稿用紙の最後の一字でも書き損じると、破って捨てて新しい紙に清書し直す。〈一種の病気に近い〉（開高健『夜と陽炎』）潔癖さであった。

彼の書き損じや書き込み入りの原稿を見た人は少ない。それが何ゆえであるか、開高を文学の世界に引き入れた親友の谷沢永一《たにざわえいいち》だけは見破っていた。

〈それは、人なみはずれた羞恥心《しゅうちしん》のゆえであった。事柄の次元と大小とを問わず、彼は、内幕を知られたくなかったのである。知られることを恐れたのである〉（谷沢永一『回想　開高健』）

彼の性格を〝繊脆《せんぜい》〟と表現したのもまた谷沢であった。

開高は何度もスランプに陥った。そんなときは、遅筆どころか一字も書けない。〈スリが堅気人《かたぎにん》の服装をして家を出るようにして、ほとんど毎日のように妻子をおいて家を出てくるけれど、一言もかすめとれず、半句もポケットに入れないで、空手《からて》のままで家へもどる〉（開高健『珠玉』）という毎日を過ごすことになる。

焦りをごまかすため、毎日トリスか角瓶を一本ずつ飲む。そのうち肝臓が悲鳴をあげ、急性肝炎で三ヵ月ほど寝込むことになった。

ある夜、くさやのにおいの立ちこめる新宿の飲み屋のカウンターで、作家の武田泰淳《たけだたいじゅん》に愚痴《ぐち》を聞いてもらっていたとき、こう言われた。

「小説が書けなくなったらムリすることないよ。ムリはいけないな。ルポを書きなさい。ノンフィクション。これだね。いろいろ友人に会えるから小説の素材やヒントがつかめるし、文章の勉強になる。書斎にこもって酒ばかり飲んでないで町へ出なさい。これは大事なことなんだド」（開高健『ずばり東京』）

武田のこの言葉に、開高は自分の進むべき道をはっきり示してもらった気がした。〈記録が大がかりになれば世界の記録になるし、世界の記録をなすものは自然、世界

界を見なおし、考えなおそうとするのである。

武田は評論『司馬遷』の中でそう書いているが、まさに開高はルポを書きながら世界を見なおし、考えなおそうとするのである。

を見なおし考えなおすことになる〉

やがて絶好の機会が訪れる。

昭和三十五年（一九六〇）五月、野間宏《のまひろし》を団長とする中国訪問日本文学代表団の一員に選ばれたのだ。大江健三郎らとともに当時国交のなかった中国を訪問し、毛沢東《もうたくとう》や周恩来《しゅうおんらい》、郭沫若《かくまつじゃく》らと会見する機会に恵まれた。彼にとってこれが初めての海外経験であった。敬三とヨーロッパを旅行する二年前のことである。

同年九月にはルーマニア平和委員会の招待でブカレストを訪問。チェコスロヴァキア作家同盟、ポーランド文化省の招待も受け、各国に約一ヵ月ずつ滞在し、パリを経由して帰国した。

招待された国々が共産国家であるのは偶然ではあるまい。当時の文壇の間には、確かに左翼的な傾向があった。

正義の大国という美名の下、共産主義との徹底抗戦を掲げている米国への疑念と、その米国に唯々諾々《いいだくだく》と従わなければならない日本の政治情勢から、すくなくとも作家は精神的に自由でありたいという本能的な行動でもあった。

ポーランド滞在中、アウシュビッツ博物館を見学する機会があった。そこでナチスのユダヤ人狩りの被害者が残した髪の毛の山やメガネなどの膨大な遺品、処刑に使われたチクロンBという毒薬の缶の山などを見て言葉を失う。

〈どんなに使い古され、どんなに手垢《てあか》によごれ、どれほどあいまいでだらしなくても、のこされたものは、徹底的に、善と平和とヒューマニズムでしかないのだ。徹底的に。そうではないか。それが気恥ずかしい言葉にひびくなら、だら介のように徹底的に生活をきりつめて金を貯め、一度ポーランドへいくことだ。そのうえであなたになにがのこったか聞いてみたい。生きてゆくために、なにが〉(開高健『眼のスケッチ』)

開高が人生でもっとも辛酸をなめたのは何と言っても戦争である。飢えも貧しさも、人一倍知識欲があっても満足に学べない苦しさも、すべては戦争がもたらしたものだ。なぜ人間はかくも愚かしい行為を繰り返すのかという根源的な問いとなって身体中を駆け巡った。

このときの旅行で、ついに憧れのパリの地を踏んだ開高ではあったが、アウシュビッツ強制収容所の衝撃が大きすぎて、手放しでは喜べなかった。

こうしたひりひりした体験が、やがて一つのコピーとなって結実する。それが、サントリーの輝かしい広告の歴史の中でも傑作中の傑作と言われる「人間らしくやりたいナ」であった。

「人間」らしく
やりたいナ
トリスを飲んで
「人間」らしく
やりたいナ
「人間」なんだからナ

意味深に〝かぎかっこ〟までつけられた「人間」というごつごつした言葉のリフレイン。それは人間存在についての自問自答が、彼の思索のなかで寄せては返す波のように繰り返されている様子を、そのまま文字に落としたようなコピーだった。

感動した敬三は、

「これはもう、一個の文学作品である、といってはいいすぎであろうか」

と激賞している（谷沢永一「コピーライター開高健」『開高健自選短編集』巻末エッセイ）。

アウシュビッツで火のついた心の余熱が、さらに彼を突き動かした。

開高はこのコピーを書いた後、アドルフ・アイヒマンの裁判を傍聴すると言って、イスラエルへと旅立っていく。昭和三十六年（一九六一）七月のことであった。

アイヒマンはナチス親衛隊の幹部として、ユダヤ人の強制収容所送還の指揮を執った人物だ。彼の指示によって数百万人のユダヤ人が強制収容所に送られ、命を落とした。

戦後も逃走を続け、昭和三十五年になって潜伏先のアルゼンチンの首都ブエノスアイレスでモサド（イスラエル諜報特務庁）の手によって拘束され、秘密裏にイスラエルに移送された彼は、〝人類に対する罪〟という前例のない罪に問われ、公開裁判にかけられることとなる。

被告のアイヒマンは、自分は命令を忠実に実行した一つの歯車にすぎないと主張し、検事側はみずから判断力をもった普通の人間だとして断罪しようとした。

開高は思った。そもそも戦後にできたイスラエルという国家が、戦争中のアイヒマンの罪を問えるのかと。しかもイスラエルは、潜伏先からアイヒマンを非合法に連行しているのだ。

裁判官の中には家族をナチスに殺されたものがいる。いやイスラエルのユダヤ人のほとんどが、何らかの形で被害をうけていると言っていいだろう。感情をさしはさまず理性的な裁判が行われるとは思えない。これは単なる復讐ではないのか。

アイヒマンが裁かれているのに、原爆投下責任者であるトルーマンが責任を問われないのはなぜなのか？　実際、アイヒマンの行った行為と、アメリカが行った広島・長崎への原爆投下や、ドイツのドレスデンでの絨毯《じゅうたん》爆撃と何が違うのかという議論も出た。しかし裁判官は、この反論を一方的に封殺した。

（結局、勝てば官軍いうやつやな……）

そう冷ややかに感じながら、開高家を不幸のどん底に突き落とした戦争体験を思い起こし、それを引き起こす国家、あるいは人間とは何なのかを考え続けた。アイヒマン裁判の傍聴は〝答え〟をもたらすものではなかったにせよ、重要な思索の場となった。

彼は再びパリを経由して帰国の途に就く。

開高健という男は語学の天才であった。

英語もフランス語も発音がどうかは別にして語彙《ごい》が豊富だ。フランスに留学していた高恵美子《こうえみこ》という女性（彼女についてはのちに詳述する）が驚いていたくらいだから相当なものだったろう。どの国へ行っても、すぐにその土地の美味しいものを把握し、女性と親しくなり、碩学《せきがく》と議論し、やがて町の人に道を聞かれるまでになる。その語学の天才の彼が生涯大阪弁を手放さなかったのは、なにか思うところがあったに違いない。

同じ昭和三十六年の秋から翌年一月にかけて、ソビエト作家同盟の招待でモスクワ、レニングラードなどを訪ねた後、東西ベルリンからパリに入り、反右翼抗議デモに参加する一方で、彼の愛読書であった『嘔吐《おうと》』の作者で、敬愛してやまないジャン＝ポール・サルトルとの会見を果たしている。

この外遊が多かった二年間を、彼は〝私の大航海時代〟と呼んだ。

だが海外旅行はこれにとどまらなかった。敬三との欧州旅行は昭和三十七年のことである。それから彼は毎年のように海外に出かけるようになるのだ。のちに〝行動する作家〟と呼ばれ、放浪癖があると言われるほどになる、開高健の旅の始まりであった。

〝私の大航海時代〟における四度の外遊体験をもとに、開高は東欧旅行を題材とした『過去と未来の国々』とアイヒマン裁判の傍聴記録『声の狩人』の二冊のルポルタージュ作品を世に問うた。

開高は昔から鬱《うつ》を抱えており、そうした人間は、えてして感情に波がある。芥川賞受賞後の激しい鬱期がアウシュビッツ訪問とアイヒマン裁判の衝撃によってようやく終わり、比較的筆の進む躁《そう》期に入ろうとしていた。

そして彼は昭和三十八年（一九六三）七月から、『週刊朝日』に「日本人の遊び場」という連載をはじめる。このころの『週刊朝日』は、『週刊新潮』などの出版社系の週刊誌が台頭してくる前の絶頂期であり、販売部数が一五〇万部に到達することさえあった。発表の場として不足はない。

戦後復興のなかでどんどん新しい流行を生みだしていく時代の熱に刺激を受け、筆も軽かった。

「日本人の遊び場」は評判を呼び、同年十月からはそれを引き継ぐ形で「ずばり東京」の連載がはじまる。一年後の東京オリンピック開催を控え、お祭り騒ぎに沸く首都・東京を観察の対象としたものだ。

連載当初こそ、日本橋《にほんばし》といった地名の由来など、彼お得意のウンチクがちりばめられたものだったが、一大イベントを前にした国民の高揚した思いと反比例するように、彼の文章はしだいにシニカルなものへと変貌《へんぼう》していく。

あの戦争から日本人はいったい何を学んだのか。あの苦渋に満ちた記憶も、すべて高度成長という時代の流れのなかで埋もれていこうとしている。そのことが開高には耐えられなかった。

東京オリンピックのちょうど一年前、「東京国際スポーツ大会」が開かれた。開会式やテレビの実況中継を含め、翌年に控えるオリンピックとほとんど同じように行われた予行演習である。いかにも几帳面な日本人らしい。

これが開高の気に障《さわ》った。彼はオリンピック組織委員会事務所に出かけていって、こう憤懣《ふんまん》をぶつけている。

「この大会にNHKは外人選手の招待費やなにやかやで一億七〇〇〇万円だしたと聞きます。ふろ屋が一九円から二三円に値上げになるといって騒いだのは、ついこのあいだのことだったと思うのですが」

彼はこうも書いている。

〈日本人の国民総所得は世界第八位であるが、一人あたりの平均所得は、なんと世界第二十三位である。そうであってみれば動物性タンパクがトルコやエジプトと変らないという事実はそのままうなずける。これらのアンバランスが私には異様なものに見えてくる。二言めには大国だ大国だとうわずった声をだしたがる虚栄心はいいかげんにやめたらどうだといいたくなってくる〉(『ずばり東京』)

国民とは別の意味で興奮が絶頂に達していたのだろう。オリンピック本番では、開会式を見に行って家に帰った夜に風邪をひき、三九度ほど熱が出て二週間も寝込んでしまった。

閉会式を迎えてもまだ熱や悪寒が残り、〈他人の足で道を歩いているようだった〉というが、その閉会式で流れた、黛《まゆずみ》 敏郎《としろう》作曲によるＮＨＫ技術部のシンセサイザー音楽に関しても辛辣《しんらつ》な言葉を投げかけている。

〈なんとも奇妙キテレツ、こっけいとも、陰鬱《いんうつ》とも、間がぬけてるとも、暗愁《あんしゅう》にみちてるともつかないもので、じっと聞いていたら、腹をかかえて笑いださずにはいられない性質のものである〉(同前)

彼はもう耐えられなかった。

〈ずいぶんきわどいことやえげつないことも自由に書くことをゆるしてくれた『週刊

朝日』の編集部に感謝します〉という言葉を残して、「日本人の遊び場」から足かけ十五ヵ月間続いた連載の幕を引いた。

そのときである。

大変な人気を博した看板連載だったことから、編集長の足田輝一《あしだてるかず》が、

「この際何か、お礼の贈り物をせねばなりませんな」

と漏らしたのを開高は聞き逃さなかった。

「そしたら、僕をサイゴン（現在のホーチミン市）に行かせてくれませんか？　時々刻々向こうで起こっている出来事をルポにして『週刊朝日』に連載するっちゅうのはどうです？」

それこそ彼が、佐治敬三のお株を奪う〝断絶〟の決行を宣言した瞬間であった。

佐治が選んだ〝断絶〟は比喩《ひゆ》としての戦争だったわけだが、開高が選んだそれはまぎれもない本物の戦争。それも日に日に激しさを増しているベトナム戦争であった。

アウシュビッツ訪問やアイヒマン裁判傍聴を通じて人間や国家に対して抱いた疑問は、悶々《もんもん》として渦を巻くだけで胸中の霧はいっこうに晴れない。容易に答えが見つかるものでないことはわかっている。ただ同時に彼は、その答えが書斎の中の思考から

は見つけられないであろうことにも気づいていた。

敬三の敢えて選んだ道を〝作家〟としての自分に置き換え、みずからも書斎の中の思考から〝断絶〟するような体験が必要なのではないかという思いが日に日に強くなっていた。

そして幸いにも、足田編集長はこの申し出を快諾してくれたのである。

ここで再度、ベトナム戦争について少し詳しく触れておきたい。

進駐していた日本軍を背景に、昭和二十年（一九四五）三月、フランスからの独立を宣言したベトナムだが、第二次世界大戦が終わって、戻ってきた旧宗主国のフランスがベトナムの独立を認めようとしなかったため、対仏独立戦争である第一次インドシナ戦争が勃発する。

これにフランスは敗北し、昭和二十九年（一九五四）七月にジュネーブ協定が締結され、北緯一七度以北のベトナム民主共和国（北ベトナム）と、以南のベトナム共和国（サイゴン政府、南ベトナム）という分断国家としてベトナムは独立を果たす。

北はソ連の支援を受けたホー・チ・ミン率いる共産主義国家であり、南はアメリカの支援を受けたゴ・ディン・ジエム大統領率いる自由主義国家である。

ところがゴ・ディン・ジエムは、次第に独裁色を強めて暴走しはじめる。

この国は一割ほどしかいないカトリック教徒が富と権力のほとんどを握っていた。とりわけ熱心なカトリック教徒として知られたゴ大統領は、仏教徒が国民の八割を占めているにもかかわらず、政治的発言をする仏教指導者を投獄あるいは殺害するなどして弾圧しはじめた。

やがて僧侶たちが抗議のために街頭で焼身自殺をしたり、〝ゴ政権の世など見たくもない〟とばかりにみずからの目をくりぬくといった陰惨な事件にまで発展していく。

汚職も蔓延《まんえん》し、政権を批判する勢力を弾圧したため、反政府運動はますます活発化していった。

昭和三十五年（一九六〇）には南ベトナム解放民族戦線（ベトコン）が結成され、十二月に内戦状態に陥る。ベトナム戦争の幕が切って落とされたのだ。

ベトコンはソ連の援助こそ受けていたが、北ベトナムが掲げる共産主義というイデオロギーのために戦ったのではない。

アメリカの言いなりで自国民の幸せなど考えていない人物が大統領になるなど、アメリカの独善的なやり方に帝国主義的なにおいを感じ、ベトナムの統一と民族の独立のためにはアメリカの介入を排除しなければならないという思いを胸に、立場やイデオロギーを超えた愛国的統一戦線を立ちあげたのだ。

これに対しアメリカは、共産化からベトナムを守るという、冷戦の間、一貫して世界に対して示し続けてきた〝大義〟をかざし、まずは軍事顧問団を派遣する形で南ベトナムを支援していた。

植民地時代からの民族主義的独立運動の指導者ホー・チ・ミンは、南ベトナムをアメリカの傀儡《かいらい》政権だとし、この戦いはベトナム人による統一国家建国を目指す植民地解放戦争であるとした。

最初からアメリカは、〝大義〟の戦いで劣勢に立たされていたのである。

「春秋《しゅんじゅう》に義戦なし」という。そもそも世の中に、アメリカが標榜《ひょうぼう》する〝正義の戦争〟などそうそうあろうはずもないが、少なくとも、非戦闘員が大量に殺されるような戦争が〝正義の戦争〟でないのは明らかだろう。東京大空襲、広島・長崎への原爆投下……日本との戦争でそのことを学ばず増長した彼らの行きついた先が、ベトナム戦争だったのだ。

昭和三十八年（一九六三）十一月二日に起きたアメリカ黙認のクーデターによって

ゴ・ディン・ジエムが殺害されると、軍事顧問であったズオン・バン・ミン将軍が政権を掌握した。

その二十日後の十一月二十二日にケネディ大統領が暗殺され、次いで大統領となったリンドン・ジョンソンは、アメリカの威信回復のためベトナムへの軍事介入を強めていく。

開高がベトナムに行くことになる昭和三十九年のはじめ（一月三十日）、グエン・カーン将軍がクーデターを起こし、ズオン・バン・ミン将軍から政権を奪った。ベトコンとの対決姿勢が甘いという不満からだったが、度重なるクーデターは皮肉なことにベトコンの勢力拡大を助長していくのである。

結局、少壮将校たちによって再びクーデターが勃発。グエン・カーン将軍はわずか一年で失脚させられることになる。このあまりに頻繁な政権交代劇を、開高たちは〝政治的月経〟と呼んでいた。

アメリカ以外の自由主義陣営のうち、韓国と東南アジア条約機構（SEATO《シアトー》）の加盟国であるフィリピン、オーストラリア、ニュージーランド、タイは派兵したが、日本の自衛隊は憲法九条、集団的自衛権の問題があり、海外派兵することはなかった。

そんな戦地に、開高は飛び込もうとしていたのだ。

こうして昭和三十九年（一九六四）十一月十五日、開高は同い年の朝日新聞の社員カメラマン・秋元啓一とともに「朝日新聞社臨時海外特派員」という肩書で日本を出発した。

秋元は気骨あるカメラマンだ。当時飛ぶ鳥を落とす勢いだったある流行作家の撮影中、彼が自慢の長髪をかき上げながら、

「この角度で撮ってくれないか？」

と注文をつけてきたところ、

「そんな下らん写真を撮れるか！」

と吐き捨ててその場を立ち去ったというエピソードの持ち主である。

同い年であることもあって、二人はすぐに意気投合。〝殿下〟〝閣下〟と呼び合う仲となる。開高は秋元のことを世界的に有名な戦場カメラマンのロバート・キャパになぞらえ、ルポの中でも〝秋元キャパ〟と紹介している（ちなみにキャパは一九五四年、北ベトナムで地雷に接触して死亡している）。

サイゴンは、開高の言葉を借りるならば、〈五〇万人用の面積に二五〇万人から三

〇〇万人がつめこまれているゴミ箱みたいな都〉(『輝ける闇』)であった。

宿泊したのはマジェスティック・ホテル。サイゴン川のほとりの繁華街ドンコイ通りに建つコロニアル風の名門ホテルである。

彼らの部屋は、道を挟んでサイゴン川に面した一〇三号室。今はダブルルームに改造されているが、当時はツインで、ここに開高は秋元と一緒に泊まった。対岸のヤシとバナナの緑野はすでにベトコンの手に落ちていると言われていたから、ロケット弾が飛んでくることも想定し、わざわざ一階を選んだのだ(この危惧はのちに正解だったことがわかる)。

日本の新聞社はどこも支局を設けておらず、東京や香港などからやってきた特派員記者は、たいていこのホテルに泊まっていたから、最上階のカフェテリアはまるで最前線のプレスセンターのようになっていた。彼らと情報交換をし、現地の新聞を読み、ラジオを聞くだけでも緊迫感は十分伝わってくる。アドレナリンが迸《ほとばし》り出、一〇三号室のサイドテーブルにはまたたく間にウイスキーの瓶が並び、灰皿には煙草の吸殻が山をなした。

開高は秋元を連れ、可能な限りこの国を歩きまわってみようと思い立った。

何でも自分の目で見、耳で聞かなければ、この国で起こっていることを書くことなどできないからだ。危険は承知の上である。

北は軍事境界線（北緯一七度線）にほど近い古都フエから、南はメコンデルタを横断してインドシナ半島の最南端まで、洪水で鉄道が流失した中部地区を除いてくまなく見て歩いた。開高は三四回目の誕生日をベトナム南端のカマウという町の、石油ランプにヤモリが集まってくるようなホテルで迎えた。

そうした経験を踏まえ、『週刊朝日』に「ずばり海外版」というルポを書いて送りはじめた。第一回の「狙われるアメリカ人　南ベトナム第一報」が載ったのは昭和四十年（一九六五）一月八日号のことである。書くことには事欠かない。政情不安などという言葉が生易しく感じられるほどの混乱である。毎日のように血が流れ、命が失われていく。

そもそもサイゴンに着いた翌朝、すでに事件が起きていた。タンソンニャット国際空港のバーの天井で四〇ポンドの時限爆弾が爆発し、アメリカ兵十数人が死傷したのだ。

バーで働いているベトナム人のボーイたちは爆発の瞬間、みんな不思議とトイレに行ったり物を取りに出ていたりして無事だった。ベトナム人で死んだのはバーの経営者ただ一人。きっと日ごろボーイをいじめていたので、ベトコンから内々での警告を教えてもらえなかったのだろうと噂された。

この時期、読売新聞から派遣されていたのが日野啓三《ひのけいぞう》だ。

彼は読売新聞外報部の記者であり、軍政下のソウルでの取材経験もあった。読売と朝日とはライバルだが、同じ戦場記者仲間だから自然と親交は深まっていく。

サイゴンでは検閲も厳しい。新聞社は検閲に引っかかった記事を、しばしば空白のまま発刊していた。日野はそんな白い虫食いだらけの新聞を手に、開高と道を歩きながらしきりに感心していた。

「立派なもんだ。日本なら別の記事で埋めてしまうだろう。白い新聞なんか日本にはない。これは意見がはっきりしている新聞だわ。目的が何であれ、立派な新聞だわ。なあ、おい」

そう熱っぽく語る日野。開高はこうした特派員たちと情報交換をしつつ、大いに議論した。

日野は帰国後、ベトナム従軍記者を題材にした『向う側』という作品で作家デビューを果たし、のちに開高の告別式で弔辞を読むことになる。

昭和四十年一月二十九日、開高の人生観を大きく変えることになる、ある衝撃的な事件が起こる。

前日の夜遅く、部屋のドアを叩く音に、ベッドで新聞を読んでいた開高はパンツ一枚で飛び起きた。

部屋の外に立っていたのは眼鏡をかけた若いベトナム人。情報屋として利用していた若者だ。

「Something new has happened?」（何か新しいことがあったのか？）

開高がたずねると、

「Yes. Execution. Tomorrow morning……」（そう、死刑執行、明朝……）

と彼は答えた。

サイゴン郊外で地雷一キログラムと手榴弾《しゅりゅうだん》を運んでいたところを捕まったレ・ヴァン・クエンという二十歳の青年の処刑が、明日の午前五時半か六時にサイゴン市場（現在のベンタイン市場）で執行されるというのである。まだ学生だが、警察はベトコンの首都地区特別行動本部隊員だとしているという。

秋元が椅子にかかっているズボンのポケットから五〇〇ピアストル（当時の一五〇〇円に相当）を青年に渡すと、彼は礼を言って立ち去った。

開高たちは、すぐに親しい何人かにこのことを知らせた。ライバル社ではあったが、開高は日野にも電話している。

日野は沈んだ声で、

「ありがとう」

と言った。

翌朝五時にホテルを出た。日の出は七時十分ごろだから町はまっ暗である。

市場の周辺一帯は白い木の柵で封鎖され、完全武装した兵士が厳重に監視している。いつ何時《なんどき》、ベトコンの仲間が彼を奪還するため襲撃してくるかわからないからだ。戦車が二台、軍用トラックが一台、そのほか放送車と消防車まで出動するものものしさである。

情報省発行の記者証を見せ、開高と秋元は柵の中に入れてもらった。市場前の広場に面した鉄道省の建物の前には、跳弾よけの土嚢《どのう》が積まれ、処刑者を縛るための杭《くい》が一本立てられている。

「おれ、死刑見るの、はじめてなんだ」

開高たちの連絡で日本からの特派員も集まっており、そんな日本語も聞こえてくる。

彼らがかたずをのんで待ち構える中、白いステーションワゴンが広場に入ってきて、一人の青年をおろした。やせて首が細い。よごれたズボンの上からシャツがはみ出し、足ははだしだ。

やがて杭にくりつけられると、南ベトナム政府軍の肥った教誨師《きょうかいし》が近づいて何かささやいたが、青年は空虚な表情のままである。うなずくこともなく、ただこわばってふるえていた。

処刑の一部始終を、秋元はカメラに収めたが、彼はこのベトナム人教誨師が左手をポケットにつっこんだままで青年に話しかけているのを、望遠レンズを駆使してみごとにとらえている。開高は文章でベトナムの悲惨を伝えようとしたが、秋元はその写真によって、命の尊厳などここにはまったくないのだということを雄弁に語ったのだ。

やがて頭に黒い布がかぶせられ、処刑の号令がかかった。その瞬間について開高は、あえて青年のことを〝子供〟〝少年〟と呼んでその若さを強調しながら、次のように描写している。

一〇人の憲兵の一〇梃《ちょう》のカービン銃が一人の子供を射った。子供は膝を崩した。

胸、腹、腿《もも》にいくつもの小さな、黒い穴があいた。それぞれの穴からゆっくりと鮮血が流れだし、細い糸のような川となって腿を浸し、舗石へしたたった。少年はうなだれたまま声なく首を右に、左に、ゆっくりとふった。将校が近づいて回転式拳銃をぬき、こめかみに一発射ちこんだ。血が右のこめかみからほとばしった。少年は崩れおち、柱から縄で吊され、うごかなくなった。頬と首が真紅の血に浸り、血は長い糸をひいて鼻の頭から錘《おもり》のように舗石へ墜《お》ちていった。記者やカメラ・マンたちが靴音をたてて走り、棺のまわりに群れて閃光《せんこう》をとばしあった。薄明のなかでラッパが二度、吐息のように呻《うめ》いて消えた。少年は仲間の囚人たちに抱きかかえられ、ビニールを敷いた棺のなかに入れられた。医師が検屍《けんし》したあとで蓋《ふた》がかぶせられ、誰かがそれに釘をうった。はじめて私は《棺に釘するこだま》を耳にした。それは異様な大音響を発して貧しいアジアの市場にひびきわたった。

おびただしい疲労が空からおちてきた。私は寒気がして膝がふるえ、それでいて全身を熱い汗にぐっしょり浸されていた。汗はすぐ乾いたが、寒さはまさぐりようのない体の内奥《ないおう》からやってきて、波うった。胃がよじれて、もだえ、嘔気《はきけ》がむかかこみあげた。私は闇のなかで口をひらいたが嘔《は》く物は何もなかった。(『輝ける闇』)

次の日の朝も同様の処刑が行われた。年格好はほぼ同じ。今度は撃たれる前に一声叫んだのが違うだけだった。

若者が殺されるのを目の当たりにするのは耐えがたいものであったが、どうすることもできない。

〈私は、やっぱり、革命者でもなく、反革命者でもなく、不革命者ですらないのだ。私は狭い狭い薄明の地帯に佇《たたず》む視姦者《しかんしゃ》だ〉（同前）

という無力感にさいなまれた。

とくに彼を打ちのめしたのは、平和ボケしている日本人からすれば気の狂いそうな混沌の中にあったにもかかわらず、ベトナム人がみな何食わぬ顔で暮らしていたことである。少年の死のかたわらで、美しいアオザイを着てほほ笑む女性がいる。そのことに開高は衝撃を受けたのだ。

そして視姦者なら視姦者として、この国で起こっていることをもっと正面から見、感じてみようという思いが沸き起こってきた。

その焦燥感が彼を、ある行動に駆り立てるのである。

開高の向かった先は、サイゴンのレ・ロイ通りにある米軍ベトナム軍事顧問団

(Military Assistance Command, Viet Nam) の情報連絡室であった。

「戦争を見たい。最前線はどこですか?」

そう勢い込んでたずねたが、

「それがわかってるなら苦労はしませんよ」

という返事がかえってきた。

実のところ開高に限らず、外国人特派員連中がみな同じ質問をするのに辟易《へきえき》していたのだ。

だが相手はおもむろに、

「ベン・キャットという基地があります。ここは熱い。煮えております。おいでになりますか?」

とたずねてきた。

これに開高は、深く考えることなしに首を縦に振ってしまう。そして死亡や負傷をしてもクレームしないという誓約書にサインすると、

「ユー・アー・ウェルカム・サー!」

と、驚くほど簡単に迎え入れられた。

国際世論を味方につけたいアメリカは、海外の報道陣に好意的だったのだ。

1965年1月29日早朝、開高は、レ・ヴァン・クェンという20歳の青年が「サイゴン市場」前の広場で公開銃殺刑に処されるのを目撃した

出発の日、開高と秋元は中国人の経営する店で買った米兵の野戦服に身を包み、ホテルに迎えに来た米軍の大型乗用車でタンソンニャット空港に向かった。ここからUH－1Bというベトナム戦争映画でおなじみの多目的ヘリに乗ってベン・キャット基地へと飛ぶのである。

ベン・キャットはサイゴンの北西五二キロの地点にある小さな田舎町だ。ベトナム語の発音だと〝ベンカト〟となる。

ベトコンの精鋭部隊が出没するもっとも危険な地域は〝Dゾーン〟と呼ばれており、ベン・キャット基地はまさにこのDゾーンの中にある。サイゴンからここに向けて伸びている国道一三号線はベトコンの攻撃によって寸断され、〝死の一三号国道〟という異名がついていた。

ヘリに乗っている段階からすでに死の危険にさらされている。サイゴンの新聞には毎日のように、米軍ヘリがベトコンに撃ち落とされたという記事が載っていた。

開高たちは尻に防弾用のプラスチック皿を敷いていたが、気休めというか、お守り程度の代物だ。五九ミリ機関砲を一発でもくらったらヘリは落ちる。同乗した二人の兵士はドアをあけっぱなしにして眼下を見下ろしながら、ずっと銃の引き金から指をはなさなかった。

ヘリで飛んでいる時間がものすごく長く感じられたが、しばらくすると一面のジャングルとゴム林の中に、海に浮かぶ小島のようなベン・キャット基地が見えてきた。

飛行場に降り立った二人は、緊張から解放されて足元をふらつかせながら、ロイ・J・ヤング少佐の出迎えを受けた。

「I am Hemingway of Japan.（私は日本のヘミングウェイです）」

「I am Robert Capa of Japan.（私は日本のロバート・キャパです）」

そんな冗談を口にしながら無理に笑顔を作ろうとしたが、顔が引きつっている。

ヤング少佐はルイジアナ出身のアメリカ人で、政府軍に従軍する顧問団を率いている。ここの隊長は南ベトナム政府軍の中佐だった。ヤング少佐がベトナム人の隊長の前で、

「イエッサー！」

と答え、懸命に相手を立てようとしているのが開高には痛々しいほどに感じられた。

ヘリにはもう一人、アメリカ人の中年の新聞記者が乗りこんでいた。彼はしきりに少佐に戦況を聞いていたが、一時間もしないうちにサイゴンに戻ると言いだした。

そしてヘリのところまで見送りにきた開高と秋元に、

「Boys, Good Luck!」

という言葉を残してそそくさと去っていった。

実際、そこは想像以上の場所だった。間断なく機銃の音が遠くで鳴っており、時にはすぐ近くでも鳴る。確かに熱く煮えていたが、これでは煮えすぎだ。

南下しようとしているベトコンにとって、この基地は目障りで仕方ない存在であり、すでに周囲は彼らによって囲まれている。基地に出入りしている床屋からして、密かにベトコンに戦力や兵器を報告しているという噂があるのだが、事実かどうか確かめようがないから相変わらず出入りを許されていた。

開高はヤング少佐に、

「銃が必要なら貸してあげます。ナイフからバズーカまであります」

と言われたが固辞した。非戦闘員が銃をもつことは国際法で禁じられているからだ。

「戦争ですから正当防衛を主張することはできます。銃を持たなくても向こうはわからないから撃たれますしね」

と脅されたが、鉄兜と水筒だけしか借りなかった。

自嘲《じちょう》の思いがこみあげてきた。

〈あやふやな中立にしがみついて自分一人はなんとか手をよごすまいとするお上品で気弱なインテリ気質にどこまでもあとをつけられている自分に嘲笑をおぼえたのだ〉

（『輝ける闇』）

たそがれ時になると決まって、一五五ミリ榴弾砲《りゅうだんほう》がベトコン陣地に向けて発射される。猛烈な発射音で大地も身体も大気も振動し、思わず目が飛び出そうだ。

敵を目視して発射しているわけではないから、ベトコンだけでなく一般市民にも犠牲者が出るのは承知の上だ。すると犠牲者の家族はアメリカへの敵意を抱き、ベトコンに参加していく。敵の数は砲撃で減るどころか、撃つたびに増えていたのである。

夜になると映画鑑賞の時間があったが、その間もスクリーンが震えるほど機銃音がして落ち着かない。米兵は慣れっこになっており、しっかり娯楽の時間を楽しんでいた。

夜寝るときも襲撃に備え、靴をはいたまま眠った。爆撃されたときに飛び込む塹壕《ざんごう》も割り当てられている。それは昔自分が掘った防空壕とまったく同じものであった。

それでも開高は、自分は〝視姦者〟にすぎないという思いをぬぐい去ることができない。

まだ先を見てみたかった。

まずは予行演習代わりに、国道一三号線沿いを哨戒《しょうかい》する〝ハイウェイパトロール〟に参加した。定例任務だが安全とは言い切れない。案の定、三キロほど先からベトコンが威嚇攻撃を加えてきて胆を冷やしたが、ともかく全員無事にベン・キャット基地まで戻ってこられた。

次がいよいよ本番である。フクサン県北部のパナップで行われる「サ・マック（Sa Mach）作戦」と呼ばれるグランド・オペレーション（大規模作戦）で、三泊四日の行軍予定であった。

兵士たちの緊張度合いがまったく違う。そのことは開高たちにも当然伝わってきた。

出動前日の午後、汗まみれになりながらの昼寝からふと目覚め、横のカンバス・ベッドを見ると、秋元が手帳に何やら書いている。

「遺書か？」

と聞くと黙っていた。

開高もまたベトコンに捕まったときに備え、出発前の東京で日本に留学していたティク・マン・ジャック（釈満覚）というベトナム人僧侶に、「私ハ日本人ノ記者デス」「ドウゾ助ケテクダサイ」とベトナム語で書いてもらった日の丸の旗をポケットの中にしのばせていた。

現代は輝ける闇である

昭和四十年（一九六五）二月十四日、作戦当日の朝がやってくる。
午前四時起床であったが、開高は、緊張に加えて秋元の歯ぎしりの音もあってほとんど寝ていなかった。ベーコンエッグをアップルジュースで無理やり流し込み、二人は米兵のラス軍曹とジープに乗り込んで、朝五時に基地を出発。捕虜のベトコン三名に道案内させ、北方一六キロの地点にあるジャングルを三個大隊約五〇〇名で目指した。

無灯火である。一個大隊につき二、三名の将兵と通信兵、あわせて九名のアメリカ兵が軍事顧問として従軍している。開高たちは第一大隊だ。目指す場所にはベトコンの第三〇三大隊約五〇〇名が、発電所に兵器工場、病院などを築いているとの情報であった。人数の点ではまったくの互角だ。

当時、ベトコンは前代未聞の地下都市を築きつつあった。驚くなかれ、そこには作戦室や兵器製造工場のみならず、学校や病院、果ては分娩室に至るまで完備し、数千人が地下で生活をしていたのだ。

最初は地下四、五メートルだったものが、米軍の攻撃を避けるため地下へ地下へと掘り進めていった結果、地下一〇メートル近くまで達する網の目のようなものとなり、ベトナム戦争末期には全長二〇〇キロに及んだというから想像を絶する。

今でもその一部が残っているが、出入口は枯葉で巧妙に隠されていて外からはまったくわからない。

加えて地上には落とし穴の中に竹槍衾《たけやりぶすま》など、背筋が寒くなるようなブービートラップがあちこちに仕掛けられている。破傷風《はしょうふう》になるよう、仕掛けには汚物が塗られていた。致命傷でなく負傷させることを目的とした仕掛けが多かったのは、殺したら兵力一名減にとどまるが、負傷させれば運んだり介護する兵力負担を強いることができるという計算が働いていた。

サ・マック方面は、まだ南ベトナム政府軍が一度も入ったことがない地域だ。どんな危険が待ち受けているか予想もできない。

フランス人が経営する約一〇〇〇ヘクタールの広大なゴム林を抜けたところでジープは止まった。ジャングルの入り口に到着したのだ。そこから先は三つの大隊ごとに分かれて進んでいく。道はかなり細い。ベトコンが踏みならした道だと思うと足がすくむ。息をひそめて進んでいるため、静寂そのもの。どこか遠くの家で飼っている鶏の鳴き声が聞こえる。

開高は水筒を腹に抱えていた。手足を撃たれても死なないし、頭を撃たれたらそれまでだ。しかしジャングルの中では、銃弾がしばしば木にあたって変則回転しながら飛んでくるため傷口が大きくなり、腹を撃たれると何時間も苦しんで死ぬ。それがいやだったのだ。

前進するうち、木の枝で作られた小屋を見つけた。彼らの補給基地だ。大戦果だと喜びあいながら、そこにあった銃や弾薬を分捕って意気上がっていたのが昼の零時半。

後から考えれば、それはベトコンの罠だったのだ。

その五分後、突如として凄《すさ》まじい機銃掃射が始まった。さっきまで大戦果だとはしゃいでいた兵たちが次々に倒れていく。

銃弾は正面から飛んでくるのだが相手の姿はまったく見えない。みな一斉に身体を伏せた。秋元はアリ塚の陰に隠れ、開高は倒木の陰に頭を突っ込み、地面に顔をうずめるようにして這いつくばった。ジャングルに降り積もった落ち葉の発する湿ったにおいが鼻をつく。

ふとそのとき、目の前の落ち葉の上を歩く一匹の働きアリが目に入った。自分の体の二倍ほどの枯葉の切れ端をくわえながら歩いていく。その姿があとあとまで、開高の脳裏に妙に鮮明に残った。

秋元はそんな中でもすきを見てシャッターを切り続けた。

〈弾丸がしぶくなかでも平然としてシャッターをおしつづけている彼を倒木のかげからチラと眺めて、一瞬私は舌を巻いた。私は顔で土を掘りながらアリを見たが、彼は人間を見つづけていたのである。サイゴンには無数の外国通信社のカメラ・マンがいるが、弾丸のしぶきのさなかでシャッターをおす人は、そうはいない。世界有数の写真家だといってよいと私は思う〉(『ベトナム戦記』あとがき)

部隊にようやく反撃に転じようという心の余裕が生まれ、通信兵が磁石と地図を手に持ちながら、後方十数キロの地点にいる砲兵隊に一五五ミリ榴弾砲を使って応戦させはじめた。

さまざまな色の発煙弾を打ちあげて上空のヘリに自分たちの位置を示す。赤、紫、緑、黄色……戦場に輝くそれは妙に美しかった。そして通信兵は、発煙弾をもとに敵の潜《ひそ》んでいそうな場所を指示していった。

ベトコンのＡＫ47と南ベトナム政府軍と米兵のもつＭ16の銃弾が交錯し、ありとあらゆる火器がしぶきを上げた。鬱蒼《うっそう》と生い茂る熱帯の木々によって最初から視界は良好とは言えなかったが、真っ黒な砲煙が地上に届く日光をさらに少なくしていった。ロケット弾が着弾するたび、ふわっと体が浮く。そんなとき、地面にはまるで水面のように波紋が広がるのだ。それは不思議な体験だった。

一五五ミリ榴弾砲は、威力はあるが精度は落ちる。いちばん有効だったのはヘリからの機関砲とロケット弾であった。これが火を噴いている間だけベトコンの攻撃は止む。ところが攻撃が終わると、また思わぬ方向から銃弾の雨が降ってくる。彼らは開高たちのいる真下の土中に掘られたトンネル内を自在に移動していたのだ。

左腕に裸の女性の刺青《いれずみ》をしたポイチコ曹長が、

「野郎、撃ちやがれ。撃ちやがれ。なぜ撃たねえんだ。チキン野郎！」

と周囲にいるベトナム兵を怒鳴ったが、彼らは身を守るので精いっぱいだ。その場にしゃがみ込んだり、放心状態になって何やらぶつぶつ言いだす者もいた。同じベトナム人と思えないほど、ベトコンは勇敢で、南ベトナム政府軍は腰抜けだった。

そのうちヘリは弾薬が尽き、補給のために基地へと戻っていった。遠くなるヘリの音を聞きながら、自分の生命の炎もまた小さくなっていくような気持ちになり、心細いことこの上ない。

開高たちはベトナム人の大隊長とともに行動していたが、間違って敵のいる方角に逃げてしまい、真っ青になりながらあわてて違う方角へ走りだすといったありさまだ。時間が永遠に感じられた。

開高はしゃがんだまま小便をし、バッグの中身をもう一度整理した。気持ちを落ち着かせようとしたのだ。にぎりめし半個。『正露丸《せいろがん》』。化膿《かのう》止めのクロロマイセチン。防虫薬。ライター油。航空券。ドル札などが入っている。必要なものだけポケットにねじこんだ。

前夜からの不眠と極度の緊張から、体力も精神力も限界に来ている。秋元と一口ずつ水を飲みあい、ようやく言葉を交わすことができた。

「鳥が飛んでる……」

「尾長鳥《おながどり》だよ。いま見たよ」

遺影になることも覚悟して、たがいの写真を撮りあった後、二人は再び枯葉に体を横たえた。

銃撃を受けてから五時間が経ち、暗鬱《あんうつ》な血の色をした夕焼けがあたりを包みはじめた。夜の帳《とばり》が下りてくるのも近いとみた彼らは、夕闇にまぎれてその場を脱出し、泥まみれになりながら友軍を求めて走った。

第二大隊は意外なほど近くにいた。ベトナム兵はまだしも、米兵がなぜ救出に来てくれなかったのかと開高は憤った。

だがそれは、開高が一緒にいた第一大隊の隊長がメンツにこだわって助けを求めなかったからであった。米兵たちはあくまで〝顧問団〟だから、何一つ自主的に行動できないのだ。

そもそも米兵たちは、自分たちがこの戦場に何のために来ているかまったくわかっていないということを、すでに開高はなかば確信を持って了解していた。

第二大隊に合流したものの、まだ油断はできない。このジャングルから撤退しないといけないのだ。

森の中の道は狭い。開高と秋元は米袋を担いだベトナム兵に挟まって押しつぶされそうになりながら、たそがれのジャングルからの脱出をいそいだ。

ヘリコプター二機がジャングルの奥に向かって、これ以上追ってくるなとロケット弾を叩きこんだ。それでも勇猛果敢なベトコンたちは、木の上によじ登ってヘリに向かい、対空砲火を浴びせてきた。

もうすっかり宵闇《よいやみ》があたりを包み込んできている。双方、曳光弾《えいこうだん》を空に向かって発射しはじめた。打ち上げられるたび、あたりは昼の明るさに戻るのだが、あいかわらず周囲に見えるのは鬱蒼《うっそう》とした密林のみ。その奥に確実にベトコンは潜んでいるのだが、姿の見えないことがいっそう不気味であった。

途中一休みしていると、開高の前に傷ついたベトナム兵が腰をおろしていた。傷口をおさえながらじっとこちらを見ている。開高はそっと煙草を一本取り出すと、音がしないようにジッポーのふたをゆっくり開いて最小の音で点火し、煙草に火をつけた。

そして彼に差し出したが、もう遅かった。すでに彼の目は白く乾いてこと切れていたのだ。

「チョイヨーイ（Choi oi）！」

開高は思わず、そう口に出してしまいそうになった。

運命の厳しさに泣くとき、幸せで泣くとき、ベトナム人はよくこの言葉を使う。「choi」は神で「oi」は感嘆詞だから、英語で言う「Oh! My God!」である。開高は自分の小説にも多用しているが、ベトナム人の弱さも強さも、この言葉でしか表せない気がした。

やがて気を取りなおして再び走りだしたが、沼地を越えかけたとき、再び機関銃とライフルの掃射が左右のジャングルの奥から襲ってきた。こけつまろびつしながらなおも走ったが、どこまで走っても弾が飛んでくる。まるでベトコンが自分たちと並走しているかのようだ。

彼らはトンネル内をおそるべき速度で移動していたに違いないのだ。だが地上からはまったく見えない。それこそ開高の足元から彼らの顔がひょいと出てきてもおかしくない。不気味でならなかった。

どこかで鍋かドラを叩く音がし、

「ホーウ、ホーウ」

という不気味な声が聞こえてくる。それは狩人が獲物を追いこんでいるかのようであり、死神があの世から呼んでいるようでもあった。

必死に走っているうちバッグが邪魔になり、途中で捨ててしまった。後ろにいた秋元が、

「開高さん、バッグ！」

と叫んだが、

「ええんや！」

と振り向きもせずに答え、ひたすら駆けた。

秋元のすぐ横にいたベトナム人大尉が肩を貫通されて倒れた。自分の命を守るので精いっぱいだ。ふと気づくと秋元と離ればなれになっていた。

それでも夜十一時、なんとかジャングルの外の集合場所にたどりついた。道の上に秋元が大の字になっているのを見つけた開高は、転ぶように駆け寄ると無言のうちに抱き合い、何度も何度も肩を叩きあった。開高が途中でぶん投げたバッグはラス軍曹が拾い、秋元の手を経て開高に戻ってきた。

しばらくするとベトナム兵たちが暗がりの中でしゃがみこみ、飯を食べはじめた。その様子を見て初めて開高たちも空腹であることに気づき、食事をし、土の上に鉄兜をまくらにして寝た。彼らの近くをどこから来たのかブタが歩き回り、ポイチコ曹長が、

「畜生、ベトコンの次はブタか！」

と舌打ちしている。

サ・マック作戦は、一日目にして早くも失敗に終わったのである。開高のいた二〇〇人の大隊のうち、生き残ったのはわずか一七人。帰国後、彼はこの日を命日と定

め、秋元と朝まで痛飲するのを例とするようになる。

十五日の朝、彼らは命からがらマジェスティック・ホテルへと戻ってきたが、このとき、ロビーに入ってきた開高にたまたま出くわした人間がいる。読売新聞の日野啓三だ。

そのときの開高の顔色は土色で、目はひきつっており、ちょうど生きている人間と死んでいる人間の中間にあったという（川西政明『新・日本文壇史10』）。

開高は重い足取りで大理石の階段をあがり、一〇三号室のドアをあけた。

そして部屋に一歩足を踏み入れた瞬間、次のような体験をした。

〈泥と汗にまみれた体のなかで水のような音楽がわき起るのを感じた。ベッド。インキ壺。酒瓶。壁のカレンダーの落書。窓。窓の日光。原稿用紙。派手な赤と青の染分《そめわけ》縞《じま》の航空便封筒。すべての物がいっせいに声あげた。物たちは私を一瞥《いちべつ》して讃歌をうたいだした。（中略）何故かわからないが、私は巨大な手の影から逃げだすことができたのだ。まだおれは生きているのだと思うと、いっさいがしびれ、ふるえながらひらいた〉（『ベトナム戦記』）

サ・マック作戦の翌日（二月十五日）と、翌々日、サイゴンと東京の間でかわされた生々しい肉声を伝えた国際電話の録音テープが、三十八年後の平成十五年（二〇〇三）七月、茅ヶ崎の開高健記念館の書庫から見つかった。

十五日の国際電話に、開高は登場しない。それは別の現地特派員が、『週刊朝日』の〝オオタ〟という担当者に彼らの無事を知らせる電話であった。

「彼らはね、この近くのね、飛行場の基地まで帰ってきてね、ヘリコプターを待っているところです。彼はね、ひどい作戦にぶつかりましてね。命からがら今日帰ってきたらしいです。それで、もーあのー、事後のね、スケジュールはいっさいやめて、もう早急に東京に帰ってきたいと言っています。それから原稿はね、えーと一回分落としてね、次の水曜日か木曜日（十七日か十八日のことと思われる）の便でね、送ると。そういう風にね、あなたに伝えてほしいと」

という会話の内容から、開高の疲弊ぶりがうかがえる。

当時の国際電話の音質は劣悪で、今と違って聞き取りにくい。事前に申し込んで電話の時間を指定しなければならず、サイゴンとの通話時間は昼の十二時半までと決まっていた。

彼らも疲れきっているだろうし、今からヘリに乗っても十二時半には間に合わないだろうから、すでに国際電話の予約を入れている翌日の十時半に、東京から改めてかけ直すことになった。

そして翌十六日の十時半、開高たちのいるマジェスティック・ホテル一〇三号室の電話が鳴る。

電話の主は、開高にルポを依頼した足田編集長であった。

「もしもし？」

「はいはい」

「開高さん？」

「開高です」

「週刊の足田です」

「あーどうも」

「どうも御苦労さま」

「ご無沙汰してます」

「東京の新聞はね、今朝の朝刊にね、開高さんのベトコンに奇襲撃ちされた事件がもう大きく載っとりますから。こちらでも大変な評判になりそうです」

「あーそうですか」

（よくぞ、そんな危ない目に遭ってくれた！）

と小躍りしそうなのを必死に抑えながら話している、足田編集長の心の中まで伝わってくるようだ。開高をベトナムに送った価値は間違いなくあったのである。

そして足田はこう続けた。

「それでねえ、まずその遭難の模様をね、できるだけ詳しく話してくれませんか。約一時間くらい聞きたいんですけどね」

「えーと、詳しくお話ししますか？」

「ええ、なるべく詳しく」

「詳しくね。で、これは週刊にのせるわけですね……」

「そうです」

「何ページくらいなんですか？」

「えー、あの、六ページ分」

足田は開高より十二歳年上で元朝日新聞のベテラン記者である。当時の写真を見る限りインテリっぽくギラギラしたところの見えない人物だが、週刊誌の編集長が温和な紳士であるはずもない。前日の電話で開高は原稿を一回分落とさせてくれと頼んでいたが、足田はそんな生ぬるい対応を許さなかった。

いかに日本の読者がこのルポを心待ちにしているかを強調したうえで、この国際電話をもとに一回分（六ページ）の記事をデッチあげると宣言したのだ。

電話口の向こうで、開高が息をのんでいるのがわかる。弱々しい声で、

「六ページ分ですか……」

とオウム返しにするのがやっとだった。

それでも気を取り直してなんとか話しはじめたが、いつになく滑舌《かつぜつ》が悪い。まるで開高の気分が影響したかのように、電話の音声も聞こえにくくなった。声がとぎれとぎれになり、まったく聞きとれないこともある。当時の電話回線は今のような海底ケーブルではなく短波無線だ。電離層《でんりそう》の状態によって通信状態がしばしば不安定になるのは避けられなかった。

開高の戸惑いと足田の焦りがひしひしと伝わってくる。だが足田はあきらめなかった。

そもそも当時の国際電話は、料金がけた違いに高い。

基本の通話料金（三分間）が一二米ドル（一ドル＝三六〇円）。都市銀行大卒初任給が二万五〇〇〇円だったことを考えると、一時間の国際電話は現在価値にして七〇万円ほどだろう。二人をサイゴンに派遣している取材費用もかかっているわけだし、一

回分の連載のための費用としては破格の金額だったはずだ。だが足田はこの記事に賭けた。

すると不思議なことが起こった。足田の気迫が伝わったのか、電話の音声が急にはっきりし、開高の口調も滑らかになって声に張りが出てきたのだ。情景が圧倒的な迫力で伝わってくるとともに、理不尽なこの戦争への怒りの言葉がとめどなくあふれだしてきた。

「こういうことから見るにですねえ。ベトコンはそのあたりを完全に支配している。自由自在に支配している。自分の守るべきところは完璧に守っている。捨てておいてあるところは完全に捨てておいてある。で、その気になればですねえ、われわれの三大隊を全滅するのは簡単だったんです。で、いまから思えばですねえ、われわれはベトコンのお情けでわれわれは逃がしてもらったとしか思えない」

ひとしきり、このときの状況について説明すると、だんだん会話体でなく、まるで書いているような言葉に変わってきた。熱を帯び、集中した結果、彼は自動的に頭の中で文章にしはじめたのだ。

ところが電話をはじめて三十二分がすぎたころから、何度も電話交換手（オペレーター）が会話に割り込んできて、電話を切らせようとしはじめた。

当時は対米回線でさえ一二回線しかなく、サイゴンと日本との間の回線はおそらく一本だったのではないかと思われる。そして回線を接続したオペレーターが通話をずっとモニターしていた。

足田は当初、一時間電話をすると言っていたが、それだけの時間電話すると事前に知らせていなかったようなのだ。オペレーターの切羽詰まった口調から、次の客が待っていてせっつかれている様子がありありとうかがえる。

オペレーターが割り込んでくるたび足田が、

「コンティニュー（続けてくれ）！」

と伝えて会話を続ける。

そのうちあまり頻繁になってきたので、

「録音してるんだから、会話の邪魔しないで！」

と、おそらく足田の横で会話を録音していた女性スタッフが、オペレーターに英語で怒鳴る場面さえあった。

こうして何とか電話での状況報告は続けられ、最後に開高は、

「これはぜひ書いてほしいんですけれども」

と前置きしたうえで、こう締めくくった。

「ベトナム人はそういうわけで、貧しい農民兵であって、海外に逃げることもできず、戦争に狩りだされて、ジャングルへしのびこんで同じベトナム人に撃たれて死んでいく。いつかは必ず死んでいく。アメリカ兵はアメリカ兵で、まったく自分の意思が通じないで、命令系統をもたないですから、よい意見は出すけれども、よい意見は空中で散ってしまってですねえ、採用されない。そのままやっぱり後ろから撃たれて犬死にで死んでいく。ベトコンのほうはどうかと言うと、ベトコンのほうは空から今度は猛爆撃を食らって、えー、何十トンという爆弾を浴びせられるわけですが、やっぱり死んでいく。結論を最後に申し上げればですね、アメリカの曹長が私に、のどからからになってですね、水筒の水をやったときに言ってましたけれど、『戦争に勝利者はいない』ということだと思うんです。このことだけは、あのーはっきり書いておいていただきたいわけなんです」

この言葉が終わると同時に、ブチッという音がしてテープは終わった。

本当の電話はもう少し続いていたのかもしれないが、今となってはわからない。ただ、筆者がこれを開高健記念館で聞いたとき、最後の言葉が終わった瞬間、全身に鳥肌が立ったのを覚えている。

電話の時間は足田が最初に宣言したとおり、一時間ほどだった。今聞いても胃が痛くなるような緊迫したやりとりだ。足田の編集者根性にただただ敬服するほかはない。だが、それだけの価値は間違いなくあった。

この電話取材をもとにして『週刊朝日』昭和四十年二月二十六日号に、「サイゴン↕東京・国際電話　ジャングルの火線に立つ　ずばり海外版」が掲載される。

〈十五日発サイゴン電は開高健氏らがベトコンに急襲されたと報道した。安否を気づかっていたが十六日朝、本誌との国際電話では、開高氏はまださめぬ興奮を含みながら、元気な声で、ジャングルの戦闘の体験を伝えてきた〉

というリード文がついている。

「ジャングルの作戦で重傷をうけ引揚げる途中、タンカの上で死んだベトナム兵」というキャプションのついた秋元の写真が見開きの左ページを大きく飾り、大迫力の記事に仕上がっている。

当然、朝日新聞でも記事になり、二月十七日付の朝日新聞では「ベトコンはあっちだ」という見出しとともに、鼻を負傷してテーピングしたベトナム兵が、ベトコンのいた方向を指さしている写真が掲載された。

このベトナム兵は右胸と大腿部《だいたいぶ》にも貫通銃創《かんつうじゅうそう》を負っており、衛生兵の手当てを受けたが夜になって死んだという。だが写真を見る限り、それほどの重傷とは思えない。そのことがいっそう、生命の脆《もろ》さ、はかなさとして見るものの心に迫ってくる。

もうこれ以上この地にとどまると精神の均衡が保てなくなると判断した開高は、銃撃戦に遭遇した日から十日後の二月二十四日、帰国の途についた。

午後九時四十二分、羽田空港に到着した日航機のタラップを降りてきた彼は、白いジャンパーにサングラス姿。夜なのにサングラスをかけていたのは、彼らしい照れ隠しである。後ろの秋元は出迎えの人々に大きく手を振っていたが、開高ははにかんだ笑顔のままだった。

「ユウレイやないで！　足あるで！」

そんな軽口を叩いて友人たちを笑わせたが、たちまち報道陣に囲まれてしまう。眼もくらむようなフラッシュを浴びながら特別待合室に連れていかれ、即席の記者会見となった。

「坊さんの断食、クーデター、公開銃殺、前線と、もうあんた、昼寝もできん〝充実した〟三ヵ月だったんで、気力尽きたという感じですわ」

そんな言葉が口をついて出た。今日のところはそっとしておいてもらえますかという気持ちが言外にこめられていたのだが、許してもらえるはずもない。

「こんどの見聞で、作家としての物の見方は変わりましたか？」

いきなり土足で上がり込んでくるような質問に笑顔が消えた。

「いまは答えられません。これから私が書く本を読んでください」

そう答えるのがやっとだった。その後も矢継ぎ早に質問を投げかけられたが、

「ま、ちょっと寝させてください」

と頭を下げ、そそくさとその場を後にした。

気丈にふるまっていたが、実際には心の中の整理のつけようのない混沌が悲痛な叫び声をあげていたのだ。彼の死生観も文学も、そのすべてが、まさに彼の求めた〝断絶〟を引き起こしていた。ジャングルの中を銃弾に追われる中で、生と死の境目に存在する薄い被膜《ひまく》の危うさをくっきりと感じとっていたのである。

帰国してすぐ『週刊朝日』によって箱根に一週間缶詰にされた。

それまでの連載に加筆修正を加え、一冊の本にしようというのである。まだ湯気が立っているうちに出版すれば、絶対に売れるという思惑からであった。

こうして一ヵ月後、『ベトナム戦記』が出版された。遅筆の開高としては異例のス

ピードである。だがそれが開高にとって、いかに過酷なものであったかは、次の文章からもうかがえる。

〈『週刊朝日』に連載したものを箱根に一週間こもって書きなおしたのがこの本だが、夜寝ていてベトコンにマシン・ガンを頭にうちこまれる夢を何度か見た。汗ぐっしょりになって眼をさまし、となりに秋元君が寝ていないのを見て、おや、ベトナム国寺へいったのかな、ヤング少佐に会いにいったのかなと考える。ああ、ここは日本なんだと納得するまでにしばらくかかった〉（『ベトナム戦記』あとがき）

しばしば体験というものは、それがいかに鮮烈なものであっても、当初はその意味するところがはっきりとつかめないものである。時間の経過によって余熱をとり、新たな知識の補充によって気づかなかった残りのピースを見つけ、全体を冷静な頭で客観的に俯瞰《ふかん》できるようになって初めて見えてくる景色がある。

しかし開高には、そうした時間の余裕が与えられなかった。翌四十一年の一月二日号から週刊『朝日ジャーナル』に小説「渚から来るもの」を連載開始。十月三十日号まで続く長期連載となる。

アジアについてのある種の寓話《ぐうわ》を書くつもりで、東西に分裂した〝アゴネシア〟という架空の国を設定し、オーウェルの名作『動物農場』のような〈悲惨をいきいきしたユーモアの微光で包んだ〉(『権力と作家』)作品にしてやろうと意気込んでいた。

ところがこの野心作は、気持ちばかりが空回りして失敗に終わってしまう。架空の小説であるにもかかわらず、読者はどうしてもベトナムそのものだと思ってしまうからだ。フィクションにこだわってみたものの、ベトナムの現実を越えることはできなかったのである。

数日間、悩みに悩んだあげく、九〇〇枚近くの原稿用紙をどさっと屑《くず》かごに落とした。さすがにそれからしばらくは、何をする気力もうせてしまった。

だが開高はこのままでは終わらなかった。

この鮮血滴《したた》るような体験をどう昇華させればいいか七転八倒したあげく、昭和四十三年(一九六八)、渾身《こんしん》の書き下ろし長編小説を世に送り出す。〝闇三部作〟の一作目『輝ける闇』がそれであった。

題名は、ドイツの哲学者マルティン・ハイデガーの言葉「現代は輝ける闇である」に由来する。

この言葉を教えてくれたのは親友の谷沢永一であった。谷沢が敬愛してやまなかったマルクス主義哲学者の藤本進治が著書の中で、ハイデガーの言葉を「二十世紀は輝ける闇である」と訳していることを、あるとき、谷沢が話してくれ、深い感銘とともに長く胸に残っていたのだ。

開高が『輝ける闇』という題をつけたことには一つの謎がある。戦後、ハイデガーはナチス協力者として堕《お》ちた偶像だったからだ。

アイヒマン裁判を傍聴した開高は、ユダヤ人哲学者のハンナ・アーレントの主張と同様、アイヒマンは天下の大悪人でもなんでもなく、組織の歯車になっていた小役人にすぎないことを見抜いていた。だからこそ、あえてハイデガーの言葉を表題にしたのではないか。誰もハイデガーを責められない。そんな思いを込めたのではないだろうか。

『輝ける闇』は、ベトナムでの体験を通して、「すべてがあるが何もない」「輝いているが闇である」という現代の虚無を描こうとした意欲作である。

『輝ける闇』の中で彼は、アジアにおける独立戦争を、アンコール・トムでみたガジュマルにたとえている。そのゆくてをはばもうとしても、やがてガジュマルの根にからめとられていくだけだというわけである。

そしてベトナム戦争にのめりこんでいくアメリカを皮肉ってこう書いている。

殺すがいい。
背骨が折れるまで殺すがいい。
肝臓がひからびるまで殺すがいい。
ただ吸収されるだけだ。

だが一方で、彼はイデオロギーに左右されないジャーナリストとしての客観的視点からベトナム戦争をとらえようとしていた。

その自分たちも、いつ何時、加害者（殺人者）の側に回るかわからない。そのことを旧制中学時代の勤労動員先で米艦載機のグラマンに機銃掃射されたときの恐怖とともに、次のように語っている。

一度だけ、私は殺されかかったことがあった。操車場には毎日のように艦載機が襲来し、翼が貨車の屋根にすれすれになるくらいの低空飛行で機銃掃射をやった。或る日の午後、私は逃げおくれて友人といっしょに田ンぼへころげこんだ。その瞬間、《熊ン蜂》がかすめた。大きな物量が非常な速度で後頭部にのしかかってくるのが感じられ、私は手足がしびれてしまった。友人と格闘しつつ泥へ沈んだ瞬間、私は積乱雲のわきたつ夏空を傾いたままますべっていくジュラルミンの輝きと、巨大な昆虫の眼のような風防グラスと、そしてはじめて、信じられないほどの薔薇色に輝く〝敵〟を見た。眼はその頬が笑っていると見た。私にむかって彼は笑いかけていると私は思った。人は笑いながら人を殺せるのだ。そして私は友人を蹴りたおし、しがみつく手をはらいのけ、一歩でもさきへでようとしたのだ。私は人を殺しかかっていたのではあるまいか。手のなかで細い肩がくにゃくにゃし、友人は私に沈められつつ、おかあちゃん、おかあちゃんと声をたてた。

「かんにんや、かんにんや」

そう聞いたようにも思うのだ。友人は泥のなかに沈んだが声は異様な掌《たなごころ》となって私の頬をうった。みんなから脳が温《ぬく》いといって日頃、バカにされ、そうされることに満足している、薄弱な彼なのに、その瞬間はまるで巨人のようであった。

そして彼はこの作品のラストで、ベン・キャットのジャングルのなかで味わった激しい戦闘と死の恐怖について、彼の息遣いまで聞こえてくるような精妙な描写をしたうえで、

――森は静かだった。

という印象的な一文で締めくくっている。

自身は自我が崩壊するような精神的危機に陥る一方で、森はいつもどおり静かだったのである。まるでサイゴンの町中を歩くアオザイを着た女性のように。

ベトナム体験を思うような作品にできず悶々としていたが、これでようやく会心の作品を世に送ることができ、一つの区切りができた気がした。

彼は『輝ける闇』の初版本を、まだサイゴンに残っている日野啓三に送っている。その扉に「無事ダケヲ祈ッテイルゾ」と記した。他社の記者もみな戦友である。無事に帰ってきてほしい。それは偽らざる気持ちだった。

だが彼が危惧したとおり、やがて記者仲間の中からいたましい犠牲者が出ることになるのである。

これまでの開高作品に親しんでいた人々は『輝ける闇』を読んで、彼の中の大きな変化に気づいていた。その一人が菊谷匡祐《きくやきょうすけ》である。

菊谷が開高と知り合ったのは、まだ早稲田の学生で大学新聞の学芸欄を担当していた時代。そのころは開高も若かった。二人の年齢差は五歳にすぎない。『パニック』を読んで感動した菊谷は、大胆にも学生の身で開高に原稿依頼をしたのだ。結局、原稿はもらえなかったが、代わりに大隈講堂での文芸講演会に登壇してもらった。

ひょんなことから菊谷は、開高の短編『流亡記』の原案を提供することになる。その出来栄えに脱帽し、彼の言葉を借りれば〝開高作品の鑑賞者〟になろうと決意する。

その菊谷は『輝ける闇』を読んで、

（先生は宗旨替えされたんだ……）

と感じたという。

ここで〝宗旨〟と呼んだのは、開高が芥川賞を受賞したときから公言していた、「内面には寄りかからないで書く」ことを指す。この『輝ける闇』は明らかに内面に寄りかかって書いている。

「内面に寄りかかって書く」とは、〝抒情〟で書くことであり、私小説的な〝告白〟を書くことである。そしてそれは必然的に〝性〟を書くことにもつながっていく。

彼は『輝ける闇』の中で、こう宣言している。

〈徹底的に正真正銘のものに向けて私は体をたてたい。私は自身に形をあたえたい。

私はたたかわない。殺さない。助けない。耕さない。運ばない。煽動しない。策略をたてない。誰の味方もしない。ただ見るだけだ。わなわなふるえ、眼を輝かせ、犬のように死ぬ〉

だが開高のこの決意表明を無視するかのように、文壇からは厳しい批判が寄せられた。

三島由紀夫は『輝ける闇』が発表されて間もなく、

「想像力で描いたのなら偉いが、現地に行って取材してから書くのでは、たいしたことではない」

という意味のことを語ったという（秋山駿『輝ける闇』新潮文庫解説）。

当時の言論界を代表する知識人といえる吉本隆明はさらに辛辣《しんらつ》だった。

〈開高健の『ベトナム戦記』をよんでみると、わが国の進歩的知識人の思想的な「国外逃亡」がどんなものであり、どのような荒廃にさらされているかを如実に知ることができる。（中略）わざわざベトナム戦の現地へ出かけて、ベトコン少年の銃殺死を見物しなければ、人間の死や平和と戦争の同在性の意味を確認できなかったとき、幻想を透視する作家ではなくただ眼の前にみえるものしかみえない記者の眼しかもたない第三者にほかならないのだ。わたしたちは、現在、進歩派によって興業されているベトナム祭りが、ことごとくこの種の第三者の眼によっておこなわれているものであることをけっして忘れまい〉(「戦後思想の荒廃」『展望』昭和四十年十月号)

菊谷はこの吉本の批判を読んで、

(果たして開高さんはそんな難しいものを見に、はるばるベトナムまで出かけて行ったんだろうか？　開高さんは吉本さんの言うような〝進歩的知識人〟なのだろうか？)

といぶかしく思った。

開高の主義主張については、菊谷の語った次の言葉がもっとも当たっているだろう。

〈開高さんはもともとイデオロギーの右と左のどちらかに与《くみ》していたことはない。すべからく自分の頭で考え、自分で感知したことだけを文章にしていた〉(菊谷匡祐『開高健のいる風景』)

そのことは、開高がベトナムに対する強い思い入れゆえに「べ平連」の活動に参加し、しばらくしてやはり自分のいるべき場所ではなかったと脱退していったことでもわかる。

「べ平連」とは「ベトナムに平和を！　市民連合」の略称である。世の中にはまだ六〇年安保の余韻が残っており、安保闘争の際に組織された「誰デモ入れる声なき声の会」を母体として、作家の小田実《まこと》を代表とする「ベトナムに平和を！　市民連合」が結成されたのは、劣勢に立ったアメリカが北ベトナムへの爆撃（北爆）をはじめた二ヵ月後にあたる一九六五年四月二十四日のことであった。

小田は開高と同じ旧制天王寺中学の門をくぐった二年後輩だ。

開高がベ平連に参加することとなったのは、小田の誘いがあったからだった。

今も昔も、日本人ほど海外事情に無関心な国民はいない。ベトナム戦争も日本にとっては対岸の火事であり、そのことが開高をいらだたせた。彼はニューヨーク・タイムズに反戦広告を掲載することを提案する。日本人で、まだそんなことをした人などいない時代である。それでも彼は各地で演説会をして募金を呼びかけ、みずから広告文を書き、ついにやってのけた。

だが開高はやがて、この運動に加わったことを後悔しはじめる。主張が反戦でなく、反米・左翼的なものに傾いていったからである。

アメリカを批判すれば問題が解決するというような短絡的なことではないはずだ。〈日本人のルポの最大の欠陥は結論をいそぐ点にある。自国のことになると一ミリ振動しただけでもあれこれと考えこんで口ごもってしまうくせに他国のこととなると、たちまち、大きくて、短くて、壮烈なことばを並べて結論をつけたがる。断罪したがる。丁か、半か。シロか、クロか。（中略）そういう私自身も、まぎれもなく日本人の一人なのであるから、この乞食根性をどこかに持っているはずである。過去に書いたものを読みかえしてみると、じつにしばしばこの過ちを犯していることに気がつくのである〉（開高健『サイゴンの十字架』）

筆者は一連の開高の行動について谷沢永一から、

「あれは、一言で言うと開高が小田にだまされたんや」

という短い総括を聞いたことがある。事実、開高は憑《つ》きものが落ちたようになってベ平連から脱退するのである。

〈一時期それらの運動に参加していた開高氏は、誰よりもベトナムの実情を知るものとして、自ら参加した運動についての責任を重い沈黙によってあがなった。作家にとっての沈黙のつらさをおそらく彼は誰よりも知っていたろう〉（石原慎太郎「肉体感覚における真実認識」『開高健全集第一巻』月報）

ベトナムで多くの血が流れている最中も、わが国は好景気に沸き、繁栄を享受していた。

高度成長期というのは奇妙な時代である。企業が経済を牽引《けんいん》し、この国を豊かにしていったにもかかわらず、国民は彼らを目の敵《かたき》にし、自分たちから金を収奪している社会悪のようなイメージを抱いていた。

政治は世論で左右される。とりわけ強い企業、言葉を換えて言えば日本経済に大きな貢献をしていた企業に批判の矛先が向かった。

昭和五十二年(一九七七)に独占禁止法が改正されたこともあり、消費者運動の高まりを味方につけた公正取引委員会は、市場占有率の大きい企業が市場原理を働かせず不当に高収益を得ていないか、これまで以上に眼を光らせるようになる。

時をさかのぼる昭和四十五年(一九七〇)、公正取引委員会が猛反対したにもかかわらず、八幡製鐵と富士製鐵との合併(新日本製鐵の誕生)が強行され、当時の委員長は辞任を余儀なくされるというできごとがあった。そんな彼らにとってリベンジの機会到来だったのだ。一度は合併を許した新日鉄を、もう一度二つに分けてやろうと画策していた。

そしてターゲットとされたうちの一社が、ウイスキー業界で圧倒的シェアを持つサントリーだった。

敬三は謂《いわ》れのない批判に、身を震わせるようにして激昂した。

親子二代にわたって日本人の生活を豊かにし、社会に貢献してきたという自負がある。独占・寡占の存在は国民経済全体に対して不経済だなどと経済学者や役人たちがしたり顔で語るのが許せなかった。

(企業を弱体化させて、世界とどうやって戦うんや?)

世界には、サントリーが見上げるようなウイスキー業界の巨人がいる。本場英国のDCL社がそうである。カナダを本拠とするシーグラム社もあなどりがたい。サントリーはこれらの巨人を向こうに回し、〝ジャパニーズ・ウイスキー〟という分野を開拓し、世界に認知させる努力を営々と続けてきたのだ。

そもそもビール業界も立派な寡占状態だが、自分たちは果敢に立ち向かっている。三社の壁の厚さに何度もたたきのめされたが、彼らは彼らなりの努力で今の地位を築いているのだ。それに敬意を払い、挑戦し甲斐を感じこそすれ、不経済だから役所にお願いして三社寡占をなくしてもらおう、キリンを会社分割してもらおうなどと思ったことは一度たりとてない。

挑戦する相手が大きいからこそ工夫が必要であり、自分たちも強くなれたのだ。父信治郎の代からの長年の努力を、新しい法律で無にされてはたまらない。

だがそんな声は届かない。

昭和五十二年四月二十八日、衆議院商工委員会において独占禁止法改正案が審議されるにあたり、サントリーは参考人として呼ばれることになった。ほかに新日鉄や富士フイルムなど、いずれも圧倒的業界シェアを誇っている企業が参考人招致されている。

国民が注目しているだけに、各党とも質問に立ったのは海千山千のベテラン議員ばかり。厳しい質問に立ち往生させられ、社長の顔に泥を塗ってはならないと、新日鉄は副社長、富士フイルムは常務が出席したが、サントリーは社長の敬三がみずから出向いていった。

まずは十分間の意見陳述からである。

敬三は冒頭、企業分割案は企業にとって死刑判決にも等しいものだと怒りをあらわにし、自分たちの今日があるのは間断なきイノベーションによるものだと主張した。どんな質問でも受けて立とうという凜《りん》とした気迫がみなぎっている。

最初の質問者は山崎拓、二番目に質問に立ったのが林義郎であった。林はのちに厚生大臣、大蔵大臣を歴任する実力政治家だ。

「佐治参考人が考えておられますところのイノベーションというのは、（独禁法の適用除外となる）特許権などに基づいてするところの行為なのでしょうか？」

丁寧な言葉遣いながら、林は厳しい質問を投げてきた。

だが敬三はたじろがない。

「特許、実用新案あるいは著作権等と並んで大変重要になってまいっておりますのはいわゆるノウハウであります。このノウハウをどうして特許と並んで御勘案をいただけなかったのか、大変理解に苦しむところでございますが、私どものウイスキーに関しましては、このノウハウに相当いたしますのがブレンド技術であります。サントリーにおきましては私自身が父から引き継ぎましてこの（マスター）ブレンダーの仕事を務めておりまして、私一人がサントリーのウイスキーの全品質に対して責任を持つ立場にございます。したがいまして、もしサントリーを分割しようという場合には、私の体を二つに裂いていただく以外には方法がなかろうかというぐあいに考えるのでございます」

それはまさに血の叫びだった。企業分割という死刑宣告をするなら、まず私の体を二つに裂けという彼の言葉に、議員たちは圧倒された。

続いて質問に立った社会党の佐野進などは、最初から媚《こび》を売る始末である。

「佐治参考人にお尋ねいたしますが、きょうもいまここで参考人の意見陳述を聞きながら、あなたのところの製品を愛用をしているグループが大変多いので、体を大変こわしている……いや、こわすということじゃなくて大変飲ましていただいているという話で、きょう参考人としてお呼びしてお話を聞く形の中で実は親しみを持ちながら……これは酒の方にですよ。そして御質問を続けておるわけでございますけれども……」

と腰砕けになってしまった。敬三は悠揚《ゆうよう》迫らず、

「大変御愛飲をちょうだいいたしておりますことをありがたく思うわけでございますが……」

と前置きをして堂々たる答弁を行い、貫禄勝ちという結果に終わった。

負けられない戦いに大将みずから出陣し、みごと勝利をおさめたのである。

勇将の下に弱卒なしというが、この佐治敬三という〝強いリーダー〟がいたからこそ、強烈な個性をもった人間たちが集まり、アイデアを競ってイノベーションを続けてこられたのだ。

ところが、その佐治敬三には、彼が死ぬまでつきとおしたひとつの〝嘘〟があった。

自分が養子に出された佐治家について、生涯秘密にしておきたかったことがあったようなのである。

新聞や雑誌を調べてみると、

「次男の私は母方の姓をつぐことになり、佐治姓となったわけです」

と語っている例がきわめて多い。当然それを信じてしまうから、『日本人名大辞典』（講談社）にも〈母方の姓をつぐ〉と書かれている。

だが、母方の姓でないことははっきりしている。

母クニは香川県観音寺市の下級士族小崎一昌の長女であり、明治四十一年（一九〇八）十二月四日に鳥井家に入籍しているからだ（小玉武『佐治敬三　夢、大きく膨らませてみなはれ』）。

ところが自宅が近所で、終生親しい関係にあった高碕達之助の子息の芳郎《よしろう》もこう書いている。

〈たしか中学校入学の頃だったと思うが、鳥井姓からお母方の佐治へ姓を継がれたことをご本人が非常に気にしていたことを記憶している〉（『佐治敬三追想録』）

幼友達にさえ、彼は〝母方の姓〟だと嘘をつきとおしたのだ。

まずはその謎解きの鍵を握る人物、彼の父鳥井信治郎の人生から見ていくことにしたい。

第二章

佐治家 養子の謎

昭和6年4月の家族写真。
右から鳥井信治郎、前列に敬三、弟道夫、中央後ろに兄吉太郎、
左が母クニ

元祖やってみなはれ

鳥井信治郎という人物は、破格のスケールを持った伝説の起業家であった。

〝経営の神様〟と呼ばれた松下幸之助（パナソニック創業者）にとっても仰ぎ見る存在であり、「鳥井さんには横綱格の貫禄がありました」と最大級の賛辞を贈っている（『世界の名酒サントリー物語』）。

信治郎は明治十二年（一八七九）一月三十日、両替商の鳥井忠兵衛の次男として、大阪市東区釣鐘町《つりがねちょう》（現在の中央区釣鐘町）に生を享《う》けた。ここは、江戸中期から大正期まで日本の商業の中心地であった大阪のなかでも、とりわけ商人の町として栄えた〝船場《せんば》〟と呼ばれる地域である。

二年前に西南戦争が終わり、明治政府もようやく中央集権国家としての陣容を整え、欧米列強に追いつくべく富国強兵、殖産興業に邁進《まいしん》しようとしていた時期にあたる。

鳥井家は代々、津国屋《つのくにや》を屋号としてきた商人の家柄であった。

信治郎は忠兵衛四十歳、母コマ二十九歳のときの子である。十歳年長の長兄喜蔵、六つ上の長姉ゑん、三つ上の次姉せつの兄姉がおり、彼は末っ子だった。

津国屋は大規模な大名貸《だいみょうがし》を行う本両替《ほんりょうがえ》ではなく、零細な銭両替《ぜにりょうがえ》である。鴻池《こうのいけ》など本両替の多くは維新後銀行に転換したが、銭両替は新たな商売を見つけて生き残りを図らねばならない。そこで忠兵衛は、明治二十三年（一八九〇）、米穀商に転業する。

商家では長男が大事にされ、次男以下では扱いがまったく違う。

信治郎は大変に勉強がよくでき、小学校を飛び級して大阪商業学校（後の大阪市立大学）に進んだが、一年ほどしか通わせてもらえないまま、明治二十五年（一八九二）、十三歳のとき、丁稚奉公《でっちぼうこう》に出された。奉公先は道修町《どしょうまち》にある小西儀助《こにしぎすけ》商店という薬種問屋《やくしゅどんや》だった。

武田長兵衛商店（現在の武田薬品工業）、田辺五兵衛商店（現在の田辺三菱製薬）、塩野義三郎《ぎさぶろう》商店（現在の塩野義製薬）が道修町の御三家で、略して〝タケチョウ〟〝タナゴ〟〝シオノギ〟と呼ばれていた。小西儀助商店は御三家に並ぶ大店《おおだな》である。

道修町の商家の凄《すご》みは、取扱商品こそ変遷があるものの、その多くが現在まで生き残っていることだ。小西儀助商店も、木工用ボンドの製造やアロンアルファの販売で知られる東証一部上場のコニシ株式会社として、今も重要文化財になっている道修町の旧小西家住宅に本社を構え続けている。

薬種問屋は「薬九層倍《くすりくそうばい》」（薬の売り値は原価の九倍だという意味）という言葉がある
ほど利の厚い商売である。彼らが生き残った秘密の一端はまさにそこにあった。

そもそも船場商人は儲《もう》けに対して貪欲《どんよく》だ。「衣食足りて礼節を知る」などという難しい言葉で語らずとも、まず儲けることありきだという認識は徹底している。

この地に育った山田惣次《やまだそうじ》は『道修町に生きて』という著書の中で、

〈政府が発行する一円切手すら、九十九銭に値切って買って来る位の根性を要求されていた〉

という言葉で、この町の〝えげつなさ〟をみごとに表現している。

小西儀助商店は信治郎の家から西に歩いて四分ほどのところにあったが、どれだけ家が近かろうが、丁稚は住み込みで働くのが決まりである。

「がしんたれ！」と言われないよう必死に働いた。〝餓死するほかない役立たず〟という意味の船場言葉で、この言葉を口にされるのは最大の恥辱だった。

店内では、内部の人間にしかわからない符丁《ふちょう》が飛び交う。数字に暗号を用い、自分たちがいくらで売ろうとしているか、相手にわからないようにしていた。暗算も速くないと仕事にならない。今のように単位が単純ではなく、貫《かん》から斤《きん》、ポンド、オンスまで、換算を瞬時に行わねばならないから、頭の回転の悪いものはついていけず、

「がしんたれ！」

と何度も言われるうちに耐えられなくなって店を去っていった。

信治郎が丁稚に入った当時は、日本人の旺盛な好奇心が舶来もの好きという形で新たな需要を生みだしていたころである。道修町の薬種問屋たちもそこに目をつけ、西洋医薬品のほか、葡萄酒《ぶどうしゅ》（ワイン）、ブランデー、ウイスキーなどの洋酒も扱うようになっていた。

小西儀助商店では信治郎が丁稚に入る四年前（明治二十一年）から「赤門印葡萄酒」という銘柄のワインを売りだしていたほか、河内産の大麦と輸入したホップでビールも製造し、「朝日麦酒」の名前で売り出していた。のちに製造を中止するが、これを引き継いだのが現在の「アサヒビール」である。

日本人とウイスキーとの出会いは黒船来航にさかのぼる。

マシュー・ペリー一行は沖縄に寄港してから列島を北上し浦賀に到着したが、まずは最初の寄港地である沖縄で、嘉永六年（一八五三）五月二十二日、琉球王国の宰相

尚宏勲《シャンハンヒュン》を旗艦サスケハナ号での晩餐会《ばんさんかい》に招待し、スコッチウイスキーとアメリカ産のウイスキー（バーボンではなかったか？）を供している（『ペリー提督日本遠征記』）。

また浦賀では、同年六月七日、浦賀奉行所与力の香山栄左衛門《かやまえいざえもん》がやはりサスケハナ号に乗り込んで、ウイスキーとブランデーで饗応《きょうおう》されている。今も変わらぬ日本人の常で、無理をして飲んだのだろう、真っ赤な顔をして下船していったことがアメリカ側の記録に残されている。

やがて開国され、横浜などには外国人居留地ができ、当然そこではウイスキーが出回っていたが、それはあくまで外国人向けであった。

日本人向けに初めて輸入されたウイスキーは、明治四年（一八七一）にカルノー商会が輸入した「猫印ウイスキー」だと言われている（『大日本洋酒缶詰沿革史』）。当時の日本は不平等条約で関税自主権がなく、欧米の貿易商は関税を課されることなく海外の物産を輸入して荒稼ぎしていた。

しかし日本の商人も負けてはいない。薬種問屋たちは西洋医薬品の輸入を始める一方で、酒精（エチルアルコール）や洋酒が安く輸入できることに目をつけ、香料や着色料などを加えて調合し、模造《イミテーション》洋酒を市場に流通させていくのである。

薬用酒という位置づけであるうえ舶来信仰があるから、価格が少々高くても買ってもらえる。〝薬九層倍〟どころではない、はるかに厚い利益を生んだ。

信治郎が丁稚に入ったのは、まさに薬種問屋が模造洋酒で稼ぎまくっていたころであった。そのため調合の技術を徹底的に鍛えられた。においや味に対する勘がとぎすまされていくとともに、混ぜることで新たな付加価値をつける商いを学んでいった。

そのうち彼は、自分が誰にも負けない〝いい鼻〟を持っていることに気づく。

後年のことになるが、大蔵省主税局で洋酒の利き酒会が行われた際、信治郎の成績は抜群で、以来〝鳥井の鼻〟として業界でも一目置かれるようになった。

昭和四十三年（一九六八）に大阪ミナミの中座《なかざ》で、彼の生涯を描いた劇が上演されたときも、タイトルは『大阪の鼻』であった。そのひときわ立派な鷲鼻《わしばな》が、模造洋酒のブレンディングの際に大きな武器となっていくのである。


丁稚に入って三年目の明治二十八年（一八九五）、維新後初の対外戦争である日清戦争に勝利し、日本じゅうが沸きに沸いた。各地で祝賀会が催され、アルコール類は飛ぶように売れた。日本有数の酒どころである灘《なだ》では、例年より一ヵ月も早く新酒が売りだされたほどだった。

模造洋酒をつくっている薬種問屋も笑いが止まらない。ところが、この勝利が彼らの商売の前途に暗雲を投げかけるのである。

欧米列強は日本が一流国の仲間入りしたことを認めざるをえず、不平等条約改正に向けて動きはじめたのだ。いちばんの懸案事項だった関税自主権の問題も、米英との間で通商航海条約が結ばれるにいたって、明治三十二年（一八九九）からは一部解消されることとなった。

これで苦境に立たされたのが、これまで大儲けしていた薬種問屋である。当時の清酒業界は今以上に発言力が大きいから、洋酒に対する関税が上がるのは目に見えている。そうすれば酒精や洋酒の輸入価格ははね上がり、模造洋酒の採算は急激に悪化する。薬種問屋はつぎつぎと手を引きはじめた。

だがここに、

（わしやったら、まだまだ儲けられる！）

と考えている若者がいた。鳥井信治郎である。

信治郎は大手の薬種問屋が手を引こうとしている今こそチャンスだと考えた。そして彼の鼻と混ぜる技術があれば、どこにも負けないものが出来るという自信があった。

目をつけたのが葡萄酒である。洋酒の中でも比較的アルコール度が低いことから、すでに日本人の間に広まりはじめていた。

腕が鳴ってしかたない。思いあまって兄喜蔵に相談したところ、

「よしわかった。ひとつきばってやってみい」

と支援を申し出てくれる。

父忠兵衛はすでに病を得ていた。遺産を分けてやるつもりで、弟に好きなことをやらせてやろうとしたのだろう。独立資金を援助してくれただけでなく、兄が経営している鳥井商会で販売してくれることになった。

西区靱中通《うつぼなかどおり》二丁目（現在の西区靱本町一丁目）にささやかな家を借りた。ここがいわば最初の製造工場である。明治三十二年二月一日のことであった。忠兵衛はこの年の秋に亡くなっている。

当時、日本でもっともよく売れていた葡萄酒が「蜂印香竄葡萄酒《はちじるしこうざん》」（略称蜂印）であった。神谷伝兵衛《かみやでんべえ》率いる神谷酒造が明治十八年（一八八五）に発売した商品だ。〝香竄〟という難しい言葉は神谷の父親の雅号なのだが、やがて葡萄酒の代名詞となっていく。

明治二十六年（一八九三）一月六日付『都新聞』の「葡萄酒の商標争ひ」という記事を見ると、神谷酒造が「蜻蛉《とんぼ》印香竄葡萄酒」を商標侵害で訴え、勝訴していること

がわかる。

このことを信治郎が知らなかったはずはないが、彼はあえて「滋養香竄葡萄酒」として売り出すことにした。彼のような小さい商売をしている相手を訴えるほど神谷酒造も暇ではなかろうという読みもあったはずだ。ともかく〝香竄〟というヒット商品にあやかる形で商売をはじめたのである。

なんとか商品は売れていった。

毎朝、まだまっ暗なうちから起きて瓶を洗い、調合を行ってワインの封入をし、箱詰めをする。それだけで昼ごろまでかかる。そこから箱詰めされたワインを荷車に載せ、配達に行かねばならない。夏はカチワリ氷を買って手拭いに包み、それをはちまきにして暑さをしのいだ。

力仕事によって、信治郎の身体は鋼《はがね》のように鍛えられていく。身長こそ五尺一寸（約一五四・五センチ）と当時の平均身長と比べてもやや小柄だったが、精気に満ち溢れ、ギラギラした大阪商人らしい面魂《つらだましい》の青年に成長していた。

事業は拡大し、次々に広い店舗へと移転していく。これまでは鳥井商会のワイン製造部門だったが、明治三十九年（一九〇六）からは店名も寿屋洋酒店と改めた。

この年、「向獅子《むかいじし》印甘味純良葡萄酒」というブランド名の葡萄酒を売り出した。後ろ足で立ちあがった二頭のライオンが向かい合って真ん中の紋章を支えているデザインだ。

百獣の王の強さと威厳ゆえに、獅子の紋章はヨーロッパでは広く用いられている。洋酒の本場の雰囲気を伝えるシンボルとして、寿屋の新商品にこのマークを選んだのだ。「向獅子印」は、のちにサントリーの社章となっている。

信治郎は、純白のメリヤス・シャツの上にセルの厚司《あつし》を羽織り、白い鼻緒《はなお》の麻裏草履《あさうらぞうり》をつっかけたハイカラな格好で、自転車レース用の舶来自転車に「ピアス号」と名づけてまたがると、颯爽《さっそう》と風を切って得意先回りをした。

当時、自転車は流行の最先端をいく乗り物であり、ほとんどが外国製。現在価値にして四、五十万円もする高級品だ。商人には信用が必要である。ふだんは倹約をしてでも、外面に関係するところでは派手に使う。自転車はいわば看板代わりだった。

ピアス号を買ったのは、同じ船場の五代《ごだい》自転車店である。ある日、修理を頼んだところ、〝幸吉《こうきつ》とん〟と呼ばれている丁稚がやってきた。今の中学生くらいの年齢だ。名を松下幸之助といった。後のパナソニック創業者である。

和歌山の裕福な農家に生まれながら父親が米相場に失敗。家屋敷田畑《いえやしきでんばた》のすべてを失い、どん底の生活のなか、丁稚奉公に出されていた。悲しげな眼をした、暗い影のある少年であった。

修繕の終わった自転車を持っていったとき、

「ご苦労さん!」

と言って信治郎が頭をなでてくれたことを、松下は丁稚時代の懐かしい思い出としてのちに語っている。まだ寿屋の従業員が四、五人だったころの話である(『プレジデント』昭和五十六年六月号)。

仕事が軌道に乗ってきたところで結婚することにした。相手は八歳年下の小崎国子(クニ)である。すぐに長男吉太郎《きちたろう》が生まれ、クニは吉太郎をおぶって一生懸命瓶詰め作業を手伝うこととなった。


売り上げを伸ばすためには、有力な販売店と特約店契約を結ぶことが必要となる。信治郎が目をつけたのが、東区安土町《あづちまち》にあった祭原《さいばら》商店(現在の三菱食品)だ。

西日本全域から朝鮮、台湾までカバーする広範な販売網を確立している有力店だけに敷居は高かったが、ここの番頭がよく通うお茶屋に出入りし、遊び仲間となって何とか取り引きできるようになった。

当時の日本経済は好不況の波が激しい。日露戦争時の好景気では〝成り金〟と呼ばれる新興資本家が出現し、株式市場も連日活況を呈したが、戦後の明治四十年（一九〇七）一月二十一日、突如、株式市場が大暴落したのを契機に恐慌へと突入する。いわゆる「明治四十年恐慌」である。

信治郎もまた、この不況に苦しむこととなり、祭原商店にまだ在庫があるのに商品を納入し、代金の支払いを受けて急場をしのぐことも珍しくなかった。

向こうの店員があきれて、

「金の用意もないくせに、うちのような大店《おおだな》と取り引きしようなんて、ちょっと図々しいやないか」

と嫌味《いやみ》を言ったが、主人の祭原伊太郎は彼の人柄を高く買っていた。

あるとき祭原商店の前で、人力車がなにかの拍子で急にとまり、乗っていた婦人が前方へ投げ出されたことがあった。雨のあとで道がぬかるんでいたため、婦人は全身泥だらけだ。

車夫はどうしていいものか茫然《ぼうぜん》としていたが、たまたま店先にいた信治郎は迷わずハダシで飛び出すと、自分も泥だらけになりながら彼女を助け起こし、店先に連れてきて汚れをぬぐってやった。

「いまに見てなはれ。ああいう人が成功するんや」

祭原伊太郎は店員たちに向かって、いつもそう語っていたという（杉森久英『美酒一代』）。

信治郎は「日の丸印滋養香竄葡萄酒」「地球獅子印滋養香竄葡萄酒」なども発売。試行錯誤を繰り返していたが、明治四十年四月、先述した未曾有《みぞう》の不景気をものともせず、新たに一つの甘味葡萄酒を売り出す。

これこそ、寿屋洋酒店を大きく躍進させることになる「赤玉ポートワイン」であった。

すでに「日の丸印」を登録商標にしていたことでもわかるように、これまでも彼は〝太陽〟や〝日の丸〟に強い執着を見せていた。だが、この「赤玉ポートワイン」のラベルはこれまでとまったく違っている。真っ赤な太陽がラベルを印象的に飾り、全体に英語とローマ字の目立つ斬新なデザインだった。

しかも一本三八銭ほどで売り出した。タクシーに一時間乗ったら三円五〇銭だった時代のこと、リーズナブルな値段であるだけに評判は上々であった。

祭原商店のおかげで、「赤玉ポートワイン」の販路は急速に広がっていく。関東でも国分《こくぶ》商店（現在の国分）などが特約店になってくれ、事業の先行きにふたたび明るさが見えはじめた。

明治四十五年（一九一二）、大正と元号がかわるこの年、心機一転、大阪市東区住吉町五二番地（現在の大阪市中央区松屋町住吉）に移転した。住居を兼ねた店で、間口が六間（約一一メートル）あり、堂々たる構えである。

信治郎はここを本籍地とし、生涯動かさなかった。自分が船場商人であることを誇りに思っていたからだろう。実際、この地から寿屋の快進撃が始まるのである。

信治郎には大きな夢があった。それは日本一の洋酒店となることである。

目標としたのは、先述した日本最大のワインメーカー、神谷伝兵衛率いる神谷酒造だ。

神谷は現在の愛知県西尾市一色町の農家の六男に生まれた。にごり酒の行商から身を起こし、今も浅草名所として知られる日本初のバー「神谷バー」を開いた立志伝中の人物で、明治政府の高官にも人脈を持っている。信治郎とは親子ほども年が違い、二十三歳年長であった。

「赤玉ポートワイン」発売の二十二年前にあたる明治十八年（一八八五）、神谷は「蜂印香竄《はちじるしこうざん》葡萄酒」を売りだして大ヒットさせていた。日本人の嗜好《しこう》に合わせ、蜂蜜を加えて甘くしているのが特長である。これがその後の日本のワインの味を決めた。

意外なことに海外でも評価され、スペイン万国博覧会で銅賞牌《はい》、フランス万国博覧会ではみごと金賞牌を受賞している。

神谷の政治力があったればこそ、こうした博覧会への出品も可能になったのであろう。西郷隆盛の従弟で日露戦争の功労者として知られる大山巌《おおやまいわお》元帥などと写っている当時の写真を見ても、どちらがえらいかわからないほど堂々としている。

明治三十六年には本格的な葡萄酒醸造所「牛久《うしく》シャトー」を茨城県に建設し、国産ワインの生産を開始。圧倒的な市場シェアを誇った。

背中も見えていない神谷の後ろ姿を、それでも信治郎は追いかけようと心に決めた。

追いかけられるほうの神谷はどこ吹く風である。「寿屋」などという存在はまったく視野に入っていない。悠々とわが道を歩いていた。

信治郎には海外の博覧会に出品できるような政治力はない。しかし、ブレンドでいい味を出す鼻と舌は船場仕込みだ。商品には絶対の自信がある。問題は知名度なのだ。

そこで信治郎は〝広告〟を武器に戦いを挑んでいく。

彼の考えたのは、現代に通じる健康志向だ。「赤玉ポートワイン」が身体にいいことを、当時はまだ数少なかった医学博士の面々に有効証明してもらうというアイデアだった。

〈身体ヲ強クシ社会ニ活動スル近道！　今直《ただ》チニ試シ給《たま》ヘ。必ズ血、肉、力、健康ヲ増ス。朝夕之《これ》ヲ飲用セバ病気ヲ未然ニ防ギ、常ニ健康ヲ保チ、元気旺盛、故《ゆえ》ニ長寿スル事疑《ことうたがい》ナシ〉

果たしてここまでの効用があるかはともかく、そんなうたい文句とともに、医学博士、薬学博士に加え、陸軍軍医監《ぐんいかん》の名前まで並べた。

「赤玉ポートワイン」を世に広めるためには何でもした。

名前入りの大八車を引いて大阪市内を売ってまわった。火事だと聞けば、赤玉印を染めぬいた法被《はっぴ》を着て「出火御見舞」と書かれた提灯《ちょうちん》を持ち、若い店員と見舞いにかけつけた。提灯の裏にはしっかり「赤玉ポートワイン」と書かれていた。火事になるといつも真っ先に「赤玉ポートワイン」がやってくると評判を呼んだ。

極めつきにこんなエピソードまである。

当時の芸者たちの間では、生理のことを〝日の丸〟という隠語で呼ぶ習慣があった。

信治郎はあるとき、彼女たちの中でも古株を集めて祝儀をはずむと、以後〝日の丸〟を〝赤玉〟と呼ぶよう頼んだ。すると彼女たちは面白がって使い始め、たちまち大阪の町中に広まっていったという。

売り方にも工夫を凝らした。

赤玉ポートワインの箱ケースの中に葉書を入れ、小売店がこれを寿屋に送ると割戻金を払うという、今で言う〝リベート〟を採用したほか、一ダースごとに火鉢を一個つけたりもした。彼の友人である江崎グリコの創業者江崎利一《えざきりいち》が考えたのと同じ〝オマケ商法〟である。

人事を尽くした後は神頼みだ。

新聞や雑誌に載せる広告の見本刷りができると、決まってそれを仏壇に供えて経を読む。それが終わって初めて新聞や雑誌社に渡すのである。

早いうちから大きな広告を大胆に打って世間を驚かせたが、その一方で、大きな獲物のアタリを待っている釣り人のように世間の反応を注意深くうかがう神経のこまやかさを持っている。効果の分析をしっかりやるから、内容やタイミングが絶妙で無駄がなかった。

大正三年（一九一四）に起きた第一次世界大戦は、日本が戦場にならなかったことや、生産がストップした欧州に代わる需要を背景に未曾有の好景気となったが、寿屋には戦争特需に加えて思わぬ追い風が吹くのである。

それは梅雨のむし暑い日が続いたあとのことであった。酒屋の棚に並んでいる蜂印葡萄酒の栓がはじけ飛び、中のワインが噴出するという事故が頻発したのだ。

それまで蜂印では、牛久で製造するだけでは注文に追いつかず、原酒をヨーロッパに頼っていたが、第一次世界大戦でヨーロッパが戦場になったことから、アメリカのカリフォルニア産を輸入するようになっていた。

ところが、こちらのワインは殺菌が不十分だったため、高温により瓶の中で発酵が進んでしまったのだ。事情は寿屋も同じだったが、信治郎は早くこのことに気づき、殺菌を厳重に行っていた。

これをきっかけに蜂印から赤玉に商品を切り換える販売店が続出し、「赤玉ポートワイン」のシェアは一気に拡大。ようやく蜂印の背中が見えてきた。

おでこに蝿とまってるで

大正八年（一九一九）十一月一日、大阪市東区住吉町五二番地の、先述した寿屋洋酒店の店舗兼住宅で男児が生まれた。鳥井敬三――後の佐治敬三である。

吉太郎が生まれてから十一年が経っており、信治郎四十歳、クニが三十二歳のときの子供だった。

この年の六月には第一次世界大戦終結後のベルサイユ条約が調印され、七月七日に日本初の乳酸菌飲料「カルピス」が発売され、七月十一日に映画雑誌『キネマ旬報《じゅんぽう》』が創刊されている。大正モダニズムが花開きはじめ、浅草オペラが活況を呈し、葡萄酒というハイカラな商品の販売を業としている寿屋にとって、明るい話題に事欠かない年であった。

敬三が生まれてきたとき、吉太郎は、真っ赤な顔で泣いている弟の顔をまじまじとながめながらこうつぶやいたという。

「なあ、お母《かあ》はん、この子おでこに蝿《はえ》とまってるで……」

後々まで佐治敬三を印象づけたのが、ひたいの真ん中よりやや右側にあったほくろだ。人相学的には運を呼ぶほくろであり、先見の明があり、出世運、頭領運、金運があるとされる。

次男なのに敬三と名づけられた理由については判然としない。

「運のないもんに仕事やらしたらいけまへん」

というのを口癖のようにして、新入社員を採用する際も四柱推命《しちゅうすいめい》や八卦《はっけ》といった占いで決めたと言われるほどゲンをかついだ信治郎のことだから、名前にもこだわりを持っていたはずだ。「三を敬《うやま》う」という意味から推《お》して、仏教の基本であり十七条憲法にもある「篤く三宝を敬え。三宝とは仏法僧なり」からきているのではないだろうか。

彼には船場の記憶はほとんど残っていない。四歳のとき、池田町字満寿美《あざますみ》（現在の大阪府池田市満寿美町）に引っ越したからだ。弟の道夫はここで生まれた。

その後、雲雀丘《ひばりがおか》（兵庫県川辺郡川西村栄根《さかね》一、現在の川西市寺畑二丁目）に転居し、ここに落ち着いた。

敬三の幼いころの記憶にある雲雀丘は、住宅地として開発されてまだ間がなく、家の周囲にはレンゲや菜の花畑があり、南は一面の桃畑。春には長尾山の桜が咲き、秋には雲雀川沿いの紅葉を楽しめる風光明媚《ふうこうめいび》で牧歌的な場所だった。

その一方で、近くの花屋敷に炭酸温泉が出たこともあって、わが国初のトロリーバス（架線式電動バス）が走り、街路樹としてシュロが植えられるなど、大正モダニズムの色濃い欧米風の街並みとなっていた。そのため戦後すぐにはＧＨＱが目をつけ、屋敷の多くが将校用の邸宅として借り上げられることとなる。

のちに第二次岸内閣で通産大臣を務める高碕達之助（東洋製罐元会長）が近くに住んでおり、息子の芳郎《よしろう》とは小学校で同級生になった。

鳥井邸はひときわ目を引く大邸宅である。母屋には宴会用に広い座敷があり、離れのスペイン風の洋館は調度品もすべて輸入物。しゃれたデザインの暖炉《だんろ》もしつらえてある。

成功した大阪の商家は住まいを郊外に構えることが多かったが、信治郎の場合、まだ存命だった彼の母コマに、別荘のような環境のいい場所を用意してやりたいという気持ちから、この地を選んだのだ。

信治郎は金儲けと同じくらい慈善活動にも熱心に取り組んだが、それは母親の影響だった。

コマは大変信心深い人だったが、しばしば信治郎をつれ、大阪の天満宮にお参りに出かけた。社前の橋の上にはいつもたくさんの物乞いが並んでいる。彼らはお金をめぐんでもらうと、大きな声で歌うように礼を言い、頭を地につけて何度もおじぎをした。それが一つの見世物になっていたのだ。

コマは信治郎が彼らにほどこしをすることは許したが、礼をする様子を見ることを許さなかった。だが幼い信治郎は見たくて仕方ない。そんなとき、コマは彼の手を荒々しく引いて、けっして振り返らせなかった。ふだんは優しい彼女が、そのときだけは人が変わったように厳しい表情になったという。

感謝を期待する慈善など慈善ではないというのである。陰徳を積むようにという教えだった。

のちに信治郎はしばしば匿名《とくめい》で若い学者への支援を行っている。「雪の結晶」の研究で有名な北海道大学理学部教授の中谷宇吉郎《なかやうきちろう》博士もその一人であった。

彼は、寿屋の経営理念として〝利益三分主義〟という考え方を掲げた。事業によって得た利益は「事業への再投資」「お得意先・お取引先へのサービス」「社会貢献」の三つに分けて使うというものだ。

昭和二十五年（一九五〇）に雲雀丘学園を設立したのも、社会貢献の一環であった。同校では、初代理事長となった信治郎の〈親孝行な人は　どんなことでも　りっぱにできます〉という言葉が今も語り継がれている。

大阪の商人は、とかく学問を軽視する傾向にあったが、若くして丁稚に出された悔しさもあって、信治郎は息子たちには最高の教育を与えようとした。

長男の吉太郎は進学校である旧制豊中《とよなか》中学へと進んだ。

きわめて成績優秀で、一年と二年のときは学校から級長に指名され、三年からは選挙制になったが、三年から五年までずっと最高点で級長に選任されている。各クラスで五年間すべて級長だったのは吉太郎だけであった。

口数は多くないが、うまく話をまとめていく、〝若いながらに腹の太い人物〟と思わせたと豊中中学で五年間彼の担任だった教諭が当時を振り返っている（昭和十八年『社報』）。

野球部のマネージャー兼監督になり、この豊中中学野球部時代のチームメイトで、浪速《なにわ》高校創立時の高等科一期生として一緒に入学したのが小林米三《こばやしよねぞう》だった。阪急東宝グループ総帥・小林一三《いちぞう》の三男だ。それが後に吉太郎の縁談へと発展していくことになる。

その後、神戸高商（現在の神戸大学）に進学。東京高商（現在の一橋大学）と並ぶ高等商業学校の西の横綱で、商業学士を得られる最高学府であった。
趣味も広く、吉太郎の集めた膨大《ぼうだい》な蔵書、三〇〇〇枚を超すクラシック音楽のレコードが家にあったことは、弟敬三が読書好き、クラシック好きとなるきっかけになった。

長男の次は敬三だ。信治郎の敬三への教育は、まず「家なき幼稚園」というユニークな幼稚園に入れるところからはじまった。この風変わりな名称は、近所の公園や河原や里山などで保育を行い、園舎がなかったことに由来する。自由にのびのび育てようという教育方針であった。

このころの敬三の写真が残っている。
温かくて肌触りのよさそうなベルベット調のコートにベルトを締め、黒い革の編みあげ靴を履いている。その驚くほど高級感のある子供服と屈託のない笑顔から、何不自由ない恵まれた幼児期を過ごしていたことが伝わってくる。

大正十五年（一九二六）四月、人生最初の入学試験に合格した敬三は、〝池附《いけふ》〟の愛称で知られる大阪府立池田師範学校附属小学校（現在の大阪教育大学附属池田小学校）に入学した。

当時はどこの学校も「甲乙丙丁」の四段階で成績を評価していたが、敬三が一年の一学期に持ちかえった通信簿は七科目すべて乙ばかり。

「なんや、あひるの行列やないか！」

と、吉太郎に大笑いされて顔を赤らめた。「甲」は立て札、「乙」はあひると呼ばれていたのだ。

それでも四年生にもなると「甲」がずらっと並ぶようになり、クラスでいちばん勉強のできた堀口桂輔という生徒とトップ争いをするようになる。

身体は人一倍大きかったが、病弱であった。毎年夏になると、決まって自家中毒や疫痢《えきり》に罹《かか》って死線をさまよい、

「この子は、二十歳まで生きられるかどうか……」

と、かげで噂された。

夏になると近くの芦屋浜で水泳訓練があるのだが、一度も行けたためしがない。そのため彼は後々までカナヅチだった。

学年が三つ下の道夫が同じ池附に入学すると、毎日手を引いて一緒に通った。

兄弟の仲の良さは先生たちにも知れ渡っている。道夫が学校で熱を出せば、先生は敬三にそのことを教える。すると敬三は心配しながら、これまた手を引いて道夫を家

まで連れて帰るのだ。

こうした心の優しさは、終生、彼の美質のひとつであった。

教育には熱心だったが、信治郎はけっして家庭的な家長ではない。成功者にありがちなことだが、並はずれた艶福家《えんぷくか》であった。

「女遊びなんて道楽のうちに入りまへんわ」

というのが口癖である。

〃女は港、男は船〃にたとえられるが、信治郎の場合、港が一〇ヵ所もあった。そして彼はほとんど毎日、一ヵ所ずつ寄港していた。ただしそれは〃寄港〃であって〃帰港〃する港はあくまで一ヵ所ではあったのだが……。

だから子供たちは、日曜日以外ほとんど父親の顔を見ることがない。午前様で帰ってくる信治郎は朝遅くまで寝ているから、学校に行く時間には寝室に向かって、

「行ってきまーす！」

と声をかけることになる。

その代わり、信治郎の一日は起きたときからせわしない。

前日の宴席でのアルコールを抜くべく、まず風呂に入る。そして「からだを洗うの

や」と言ってソーダ水を一本飲む。

つぎが読経。神仏はどこと言わず大切にしたが、ことに比叡山延暦寺《ひえいざんえんりゃくじ》に深く帰依《きえ》しており、敬三の生まれた二年後に多額の寄付をして、廃仏毀釈《はいぶつきしゃく》で一度は途絶えたもっとも大切な法儀《ほうぎ》である〝御修法《みしゅほう》〟を復活させていた。そのため鳥井家の仏壇には、延暦寺が感謝を込めて分灯《ぶんとう》してくれた、最澄《さいちょう》の時代から千二百年以上一度も消えることなく守られてきた〝不滅の法灯《ほうとう》〟が祭ってあったという。

その隣の部屋には岡山の最上稲荷《さいじょういなり》の祭壇《さいだん》がある。名前が気に入ったのだ。二階には観音様の軸もかかっている。

そのうち信治郎は、会社に〝神仏課〟を設置して寄進などの管理をさせるようになり、神も仏もすべてを自分の応援団につけながら、商売に邁進していった。

蜂印を追うにはさらなる戦力が必要だ。

今で言う工業デザイナーとして採用したのが、画家の井上木它《いのうえもくだ》だった。「ダルマ」の愛称で親しまれている「サントリーオールド」や、ビンの表面に切子《きりこ》細《ざい》工《く》風の切れ込みを入れた「サントリー角瓶《かくびん》」のデザインが彼の代表作だ。今なお主力商品の一つであり、デザインも当時のまま。現代にも通じる井上のセンスがうかがえる。

そして井上に続いてヘッドハントしてきたのが〝広告の天才〟片岡敏郎《としろう》であった。

当時、森永製菓は広告の巧みさで知られていたが、それは同社に片岡がいたからだ。

信治郎はその片岡に、森永でもらっている月給の倍の三〇〇円出すと申し出た。国会議員の歳費が月二五〇円という時代、破格の好遇である。こうして彼をヘッドハントしてくることに成功する。大正八年（一九一九）、片岡は宣伝部長に就任した。

寿屋の広告は、片岡の加入によっていっきに躍動し始める。

赤玉ポートワインの琺瑯《ほうろう》看板を二万枚も作って全国の小売店の軒下に吊ってもらった。その看板を配るために購入した四台のサイドカーに「赤玉ポートワイン」と商品名を大書したところ、これも大いに宣伝になった。

電車の車窓から見える大きな屋外広告も出すようになった。

信治郎は看板のデザインを決めるときもこだわりを見せる。実物大の試作品をいくつも作らせ、自宅近くの川西の山に並べさせた。庭からそれらを眺めながらどれがいいか思案する姿を見て、敬三は子供心に自分の父親は大物だと思った。

敬三の記憶に残る信治郎は、誰よりも忙しそうに立ち働いていた。

「〝社長〟ちゅうのは三菱や住友さんのような大会社に使う言葉や。わしのことは〝大将〟と呼べ」

日ごろからそう言っていた信治郎を見てきた敬三にとって、社長室にふんぞり返っているのが社長だというイメージは、はなからなかった。

信治郎は蜂印のポスターが手に入ると、わざわざそれを宣伝部に持っていき、さも感心した様子で、

「みごとな出来ばえや！　敵ながら実にええなあ！」

と聞こえよがしに口にして片岡たちの奮起を促したが、新聞に載った蜂印葡萄酒の広告が、少ししゃれて目立ったものだったりすると大変だ。

「ようし、一発いてこましたろ！」

と、いささか品のない言葉で臨時広告を出し、露骨に対抗してみせることも珍しくなかった。

長じて後、敬三は自分の性格を〝いらち〟（すぐいらいらする、短気で待てない）だと自認し、周囲にもそう語っていたが、父親の〝いらち〟に比べればずっとましだった。

広告以外の社内体制も整備していった。

大正十年（一九二一）十二月一日には、これまでの合資会社寿屋洋酒店から株式会社寿屋に改組。個人商店からの脱皮をはかった。信治郎は代表取締役社長で、兄喜蔵が取締役。社員は四〇名ほどになっていた。経理も大福帳方式から複式簿記に替えた。

加えてこの年、東京市麴町《こうじまち》区有楽町一丁目（現在の千代田区有楽町一丁目）に東京出張所を開設した。もとは大正日日新聞の社屋でモルタル三階建て。ハイカラな建物だった。これで蜂印の本拠地である東京に進出する準備が整った。

片岡を採用しても任せきりにするのではなく、信治郎みずからさまざまなアイデアを出し続けた。そのひとつが大正十一年（一九二二）に設立された赤玉楽劇座だ。小林一三の宝塚少女歌劇にヒントをもらったのだ。

小林一三は、関西の財界人にとって憧れの存在である。

倒産寸前の箕有《きゆう》電気軌道（箕有は、箕面《みのお》と有馬。のちの阪急）の経営を任されるや、沿線の住宅分譲、宝塚新温泉（のちの宝塚ファミリーランド）や宝塚少女歌劇の設立、ターミナルデパート建設、球団経営など、次々に斬新な経営手法を打ち出して私鉄の雄となり、阪急東宝グループを作り上げた。

鉄道経営をただ単に人を運ぶものとする発想から離れ、人が住み、人が集まる施設や娯楽を提供するという新たな可能性を世に示した、世界に誇る偉大なるイノベーターである。

〝経営の神様〟松下幸之助が世に出てくるまで、関西の出世頭として〝今太閤《いまたいこう》〟の名をほしいままにした小林一三は信治郎にとっても仰ぎ見る存在であり、赤玉楽劇座の設立には、そんな小林にあやかりたいという思いが込められていたのである。

赤玉楽劇座は東京の有楽座で旗揚げ興行をした後、全国を回り、赤玉ポートワインの販売店主や愛飲者を招待して楽しませたが、維持コストが高すぎた。信治郎は愛着を持っていてなかなか手放したがらなかったが、一年ほどでやむなく解散することになる。

ところがこのとき、思わぬ副産物が生まれる。

片岡は劇団のプリマドンナだった松島栄美子《まつしまえみこ》に目をつけ、彼女を起用したポスターを作ろうと考えたのだ。

(大将を黙らせてしまうようなものを作ってやろう!)

片岡の考えたのは、ポスターはポスターでもヌードポスターだった。風俗取り締まりが厳しく、ちょっと前まで美術館での裸体画の展示さえ制限されていたこの時代、誰も思いつかなかった試みだ。

事前に信治郎の了承をとった。会社の信用に傷がつき、逆効果にもなりかねないからだ。

「これで一発、蜂印をあっと言わせてやりましょう！」

不敵な笑みを浮かべる片岡に、信治郎は黙ってうなずくと、

「よっしゃわかった。やってみなはれ！」

と応じた。

後年、佐治敬三もよく口にしたこの「やってみなはれ」は、サントリーの社風をもっともよく表す言葉とされているが、信治郎こそ〝元祖やってみなはれ〟なのである。

大正十年（一九二一）五月の終わりごろ、東区松屋町筋《まっちゃまちすじ》の天神橋寄りにある川口写真館で撮影が行われることになった。情報が漏れるのを恐れ、撮影期間中は休業してもらった。

松島の機嫌を損ねては大変だ。慎重の上にも慎重を期した。

初日は着物を着たまま写真を撮り、そのうえで信治郎と片岡が根気強く説得を続

け、一枚また一枚と脱がしていく。二日目には何とか肌着姿になってもらった。滑稽《こっけい》なようだが信治郎と片岡も必死だ。最後には彼女も、いい写真が撮れるようにと大胆に胸もとをはだけ、撮影に協力してくれた。

バストトップが出ているわけではなく、今の感覚で言えばセミヌードと言えるかさえもわからないものだったが、当時としては大変な冒険だった。

できあがった写真を画筆によって丹念に修整し、印刷にかけた。

全体に黒みがかったセピア色を基調とし、彼女の手に持った葡萄酒だけをあざやかな赤で浮かびあがらせようとしたが、当時の印刷技術では赤の発色がむずかしい。しかし片岡も信治郎もこれにこだわり、工場が悲鳴をあげるほど刷り直しが繰り返された。

徹底した情報管制が敷かれ、ようやく完成したのは大正十一年（一九二二）五月一日。仕事に取りかかってからちょうど一年目のことであった。

風俗取り締まりのきびしかった当時の日本で、一つの到達点を示したものと言っていいだろう。このポスターはドイツの世界ポスター品評会に出品され、みごと一等に入選する。

それから、多くの会社がまねてヌードポスターを作ったが、みな当局から使用許可が出なかった。赤玉ポートワインのポスターは、当局もどう対応していいかわからないうちに世に出てしまったが、次を認めたら歯止めがきかなくなるからだ。

（どうや蜂印はん！）

信治郎は胸を張った。

赤玉ポートワインは飛ぶように売れ、社内全体が大いに活気づいた。そんな中、信治郎の決断が周囲をあわてさせる。

「輸入品ばっかり買《こ》うとったら、貿易赤字が増えるばっかりや。この国のためにも、わしは国産初のウイスキーをつくったろう思うんや！」

それこそが、のちに寿屋の伝統となる、大いなる〝断絶〟のはじまりだった。

赤玉楽劇座のプリマドンナ松島栄美子を起用したヌードポスター

「生命の水」に取り憑かれて

明治三十五年（一九〇二）の日英同盟以降、スコッチウイスキーはこれまで以上に日本人の間に浸透していたが、ウイスキーづくりは多額の初期投資を必要とし、資金回収が五年先、十年先になるリスクの大きいビジネスだ。

そもそもこの国には、十分な大麦もピート（泥炭《でいたん》）も製造ノウハウもなく、あるのは空気と水だけなのだ。ウイスキーを飲む人口も限られている。

信治郎の一声が鶴の一声であった寿屋でも、さすがにこの時ばかりは全役員が反対だったという。それを押しきってやるには、よほどの度胸と執念が必要だったろう。

それでも信治郎は、

「わしには赤玉ポートワインというめしの種がある。寿屋が大きくなるか小さいままで終わるか、やってみんことにはわからんやろ！」

そう言ってわが道を行くことを選んだのだ。

これまでにも信治郎はウイスキーを売り出した経験があった。明治四十四年（一九一一)、ヘルメスマーク(ギリシャ神話のヘルメスにまつわるいわゆる「ヘルメスの杖」)を商標登録し、「ヘルメスウイスキー」を製造販売している。〝製造販売〟といっても、実際に醸造するのではなく、国産の醸造用アルコールを購入し、それを適当に調合した模造洋酒だった。

政府が国産酒精(アルコール)の生産を奨励したことから、専門の酒精醸造業者が現れていた。大阪市住吉区に設立された摂津《せっつ》酒造もその一つで、信治郎は原料をここから購入していたのである。この会社で働く青年と、信治郎はのちに不思議な縁で結ばれることになる。

さらに大正八年(一九一九)には「トリスウイスキー」を発売している。

のちにトリスバーを通じて一時代を築くことになるブランドだが、名前の由来は〝トリイズ・ウイスキー TORY'S WHISKY〟からきている。だが最初の「トリスウイスキー」は実にいい加減なものであった。

〈あるとき、出来のわるいアルコールがあったので、これをぶどう酒の古樽に詰め、倉庫の一隅に積みあげて、忘れるともなく忘れられていた。ところが、何年かたって取り出してみると、その粗悪だったアルコールが、永年の貯蔵のあいだにすっかり生まれかわり、一種のウイスキーのような香味を呈しているではないか。さっそく、これをもとにして造ったウイスキーは、「トリス」と名づけて発売された〉(『サントリーのすべて』)

さすがにそのままでは通用しなかったと見えて、翌大正九年、瓶詰発泡酒「トリスウイスタン」として発売している。今日で言うハイボールである。〝ウイスキー炭酸〟というところを、略して「ウイスタン」としたのだが、偶然の所産だった原酒の尽きたところで販売終了となった。

ウイスキー事業に挑戦した理由について、信治郎はよく「洋酒報国」という言葉を口にしたが、商売人がそんなきれいごとだけで商売を始めるはずはない。

原料費の高騰から大手の薬種問屋が模造洋酒から手を引き、輸入ウイスキーの価格は相変わらず高い一方、摂津酒造のような国内酒精醸造業者が儲かりはじめているのを見て、彼はこれからは洋酒も国産の時代だと直感したのだ。そして〝薬九層倍〟のさらに上をゆく巨利を夢見ていたのである。

本格的なスコッチウイスキーの製造に挑戦しようというのだから、まずはウイスキーづくりの専門家が必要だ。

あるイギリス人製造技師に目星をつけ、給料などの条件も決めかけていたとき、それまで頑健そのものだった信治郎がガマ腫《しゅ》という奇病にかかった。舌の裏後方部にできる粘液嚢胞《ねんえきのうほう》の一種で、舌下腺《ぜっかせん》などの閉塞や損傷が原因で起こる病気だ。食べるときにも違和感を覚えるが、いちばん困るのは滑舌《かつぜつ》が悪くなることだ。日ごろ丈夫な人ほど病気には弱いものである。そのうち精神的にまいってしまった。結局は入院して手術ということになったが、その手術が失敗してまたさんざんな目にあった。

だがこの無為に過ごした時間が、素晴らしい出会いをもたらすのである。

病気で技師雇用の話がのびのびになっている間に、

「ちょうどいいウイスキー技師が日本に帰っている。おまけに日本人だ」

という、またとない話が舞い込んできた。

それが竹鶴政孝《たけつるまさたか》であった。のちのニッカ創業者である。

広島県竹原町（現在の竹原市）の造り酒屋の三男として明治二十七年（一八九四）に生まれた竹鶴は、大阪高等工業学校（現在の大阪大学工学部）で醸造学を専攻し、寿屋の主な仕入れ先であった先述の摂津酒造に入社した。

ちょうど景気が良かったこともあって、摂津酒造はウイスキーへの進出をもくろみ、大正七年（一九一八）、竹鶴を本場英国へと派遣する。

竹鶴は酒豪で、毎晩ウイスキーのハーフボトルを一本空けていたと言われている。そんな彼にとってウイスキーづくりはまさに天職であった。日本人ならではの勤勉さと使命感でウイスキーにぞっこんほれ込んだ彼は、魅入られたかのようにその製造技術を吸収していった。

明治三十五年（一九〇二）に日英同盟が締結され、両国が友好関係にあったことも竹鶴に味方した。

ウイスキーを学ぶ過程で、深く英国社会にも溶け込んでいく。美しい英国婦人と恋に落ち、結婚した。それがNHK連続テレビ小説「マッサン」で一躍脚光を浴びることとなったリタ夫人である。彼女は竹鶴とともに日本に渡り、職人肌で融通の利かない猪突猛進《ちょとつもうしん》型の夫を陰になり日向《ひなた》になって支え続けることになる。

ところが帰国早々、二人の前途に暗雲が立ち込める。第一次世界大戦が終わると日本は深刻な不況に陥り、竹鶴を英国に派遣までしたにもかかわらず、摂津酒造はウイスキー製造を断念してしまったのだ（昭和三十九年、宝酒造に吸収合併）。やむなく彼は桃山中学（現在の桃山学院高校）の化学教師となり、髀肉《ひにく》の嘆《たん》をかこっていた。

そんな竹鶴の前に、救世主のごとく現れたのが信治郎だった。

大正十二年（一九二三）の春、鳥井は竹鶴のもとを訪ね、挨拶もそこそこに切り出した。

「竹鶴はん、ほんまもんのウイスキーつくりたいんや」

願ってもない申し出である。

信治郎は十五歳下の、まだ二十九歳の青年に、寿屋の未来を託したのだ。入社時に確認した条件は、ウイスキー製造に関するすべてを竹鶴に任せる、そのために必要な資金を用意する、製造が軌道に乗るまで十年間は働いてもらう、という三点であった。

「年俸は四〇〇〇円出しまっさかいに」

銀行の大卒の初任給（月給）が五〇円から七〇円だった時代、破格の待遇といっていい。

この年の六月、竹鶴は寿屋に入社する。こうして信治郎と竹鶴は、日本最初のウイスキーづくりという大きな夢に向かっていくのである。

まずは蒸留所の場所を決めなければならない。

竹鶴はできるだけ本場スコットランドの風土に近い場所にしたいと考え、日本でピート（泥炭）のとれる北海道にしたいと申し出た。ところが信治郎は、一切を任せると約束した舌の根も乾かぬうちに断固反対する。

「あきまへん！　北海道いうたら、あんさん、大阪から何日かかると思てはんのや」

寿屋の販売店は地元大阪に集中している。ここまで運んでくるコストを考えたら、口をはさむのは当然のことであった。

一方の竹鶴は、いいものを作れば高く売れ、運搬《うんぱん》費用をまかなえると考えていた。彼がこの信念を曲げなかったことは、寿屋から独立後に設立したニッカの最初の蒸留所を北海道の余市《よいち》に設けていることでもわかる。

だが信治郎は信治郎で、自分の信念を曲げなかった。そして竹鶴に、大阪にできるだけ近くて、品質のいいウイスキーができそうな場所を探してくれと依頼した。

原料の大麦やピートは別途調達するものとして、絶対に譲れない水質の良さと交通の便とを勘案しながら、竹鶴は候補地の選定に入った。そして最後に残ったのが、佃《つくだ》（大阪府西成《にしなり》郡）、小林《おばやし》（兵庫県武庫《むこ》郡）、吹田《すいた》（大阪府三島郡）、枚方《ひらかた》（大阪府北河内郡）、そして山崎（大阪府三島郡）であった。

中でも竹鶴は山崎にほれ込んだ。七月二十七日付の『工場候補地議定書』には、

〈山崎駅付近ハ水質最モ良ク、且《か》ツ河水ノ便アリ。交通ヨクシテ理想ナル敷地ナリ〉

と記されている。

京都郊外の山崎は、北に天王山を背負い、そのすぐ手前で木津川、桂川、宇治川の三つの川が合流して淀川となる。三つの川はそれぞれ水温が異なるうえに、地形的にも大阪平野と京都盆地の接点にあたるため濃霧が発生しやすい。本場スコッチウイスキーの故郷であるスコットランドのローゼス峡付近の風土によく似ていた。

万葉の昔から「水生野《みなせの》」と呼ばれたこの地が名水の里であることはよく知られている。後鳥羽上皇がこのあたりに離宮《りきゅう》を構え、しばしば歌会を催したところから「離宮の水」と呼ばれ、今も涸《か》れることなく年間通して水温一五度のまろやかな水がわいている。

それにこの地はなんと言っても〝縁起〟がいい。大阪の誇りである太閤秀吉がみごと明智光秀を打ち破って主君信長の仇《あだ》を討ち、天下取りを確実なものとしたのが、この山崎・天王山の地だった。

工場の建設準備を進めている矢先の大正十二年（一九二三）九月一日、首都東京を未曾有の災害が襲った。関東大震災である。

信治郎が地震発生の第一報を聞いたのは、「赤玉ポートワイン」瓶詰専用工場としてこの四年前に操業開始した大阪市港区の築港《ちっこう》工場（のちの大阪工場）にいたときのことだった。すぐに彼は全社員を集めて次のように号令をかけた。

「全社をあげて被災者のみなさんをお救いするんや！　倉庫にあるもの、全部送っとくんなはれ！」

中国貿易向けの船をチャーターし、食料品や毛布などのほか、倉庫にあった「赤玉ポートワイン」一〇〇〇ケースなどを満載した。

いち早く救援物資を送ったことは、被災者から大いに感謝され、寿屋の株もあがった。やがて商店も営業を再開しはじめたが、焼けてしまって売るものがない。救援物資とともに輸送した寿屋の商品を供給したところ飛ぶように売れた。なおも殺到する注文をさばくため、工場は連日連夜フル稼働となる。

一方でこの震災は、蜂印葡萄酒を製造している神谷酒造に致命的な打撃を与えていた。

彼らは浅草区花川戸《はなかわど》町にあった五階建ての堂々たる本店のみならず、葡萄酒工場、社員住宅、本所工場のすべてを失ったのだ（『合同酒精社史』）。神谷伝兵衛は前年に死去しており、息子の伝蔵が二代目伝兵衛として社長に就任して一年目のことであった。

神谷酒造は生き残りをかけ、大正十三年、東洋酒精醸造、北海道酒類、北海酒精の三社を吸収合併する形で合同酒精株式会社を設立。以降はエチルアルコール（酒精）

のほか、焼酎、みりんの生産が中心の会社となり、ワインは「赤玉ポートワイン」の一人天下となった。

関東大震災は、結果として寿屋に特需をもたらし、ウイスキーづくりを志した信治郎の背中を押した。

大震災の翌月には土地買収を終え、山崎蒸溜所の建設準備にとりかかったが、製造を開始するには監督官庁である大蔵省の製造認可が必要になる。

ウイスキーの製造は日本初の試みであり、製造認可のガイドラインもなければ税制も整っていない。日本酒などの製造との違いを理解させるだけでも大変だった。製造申請を大阪税務監督局に提出したが、同監督局だけでは処理できず、大蔵省中が大騒ぎとなった。

とくに厄介だったのが酒税の問題だ。熟成後には樽の中のウイスキーが蒸発して内容量は大きく減少する。蒸留が終わったばかりの熟成前の原酒の量に課税されたら、ウイスキー製造は事業として成り立ちえない。

こうした課題を信治郎は、業界団体の後押しもなく、彼一人の力で解決していかねばならない。役人の接待で、毎晩料亭通いだった。

大正十三年（一九二四）四月七日、ようやくウイスキー製造認可がおり、四月十五日、山崎蒸溜所の起工式が行われた。天王山の谷間の深い竹藪を切り開き、新工場が建てられていく。

ウイスキー蒸留所のシンボルとも言えるのが、醪《もろみ》（原料の大麦が発酵したもの）を濾《ろ》過《か》した後、蒸留するために用いられる巨大なフラスコ状の銅釜《どうがま》（ポットスチル）だ。

竹鶴がスコットランド研修中、釜の中にまで入って観察し、詳細な図を描いた克明なノートがここで生きた。直径三・四メートル、高さ五・一メートル、上部の管が〝く〟の字形にまがった巨大なポットスチルが、大阪市西区本田三番地の渡辺銅鉄工所で製造される。

完成したポットスチルは川蒸気にのせられ、ゆっくりと淀川をさかのぼっていった。淀川から山崎蒸溜所までは六〇〇メートルほどの距離。陸揚げ地点からコロを並べて工場に運ぶことになったが、途中にある東海道線の線路を渡るのがひと苦労で、運搬作業は汽車の通らない真夜中に行われた。

こうしてウイスキーの製造準備が整い、大正十三年十一月十一日、盛大な竣工式が行われた。

やがて蒸留した原酒を樽詰めする作業がはじまる。じっくり熟成させねば商品として市場に出せない。ひたすら待つだけである。とんがり帽子の形をしたキルン（乾燥塔）を持つ立派な建物に、牛車に山積みされた大麦が次々と運ばれていった。

「あそこには、ウスケという大麦ばかり食う化け物が棲《す》んでいるそうな」

山崎の村人はそう噂しあったという。

最初の仕込みが一段落した大正十四年（一九二五）七月、信治郎は竹鶴を再びスコットランドに派遣した。リタ夫人に里帰りさせてやろうという心配りもあった。キャンベルタウンのヘイゼルバーン蒸留所を訪れ、イネー博士に熟成中の原酒の鑑定を依頼したところ、合格点をもらうことができ、ひとまずほっとした。

ウイスキー事業は、山崎蒸溜所の建設だけでも総工費二〇〇万円、今の価値に直すと数十億円にのぼる莫大な投資である。大変な賭けではあったが、当時世界一の大国である本場英国にも負けないウイスキーをつくってみせると、信治郎は意気軒高である。

そもそも、このころの大阪には彼の気持ちを高揚させるような活気があった。

大正十四年四月、大阪市は周辺の四四町村を合併し、東京をわずかに抜いて人口日本一、面積は東京の二倍、世界第六位の大都市になり、〝大《だい》大阪〟と呼ばれる黄金期を現出していたのである。

『大阪市統計書第二十六回』（昭和二年版）には、世界で人口の多い都市は第一位がニューヨーク（五九七万人）、第二位ロンドン（四五五万人）、第三位ベルリン（四〇三万人）、第四位シカゴ（三一〇万人）、第五位パリ（二九〇万人）で、第六位に大阪（二二五万九九〇〇人）と記されている。同年の東京市の人口は大震災の影響もあり二一四万三二〇〇人だった。

大阪人の熱気はとどまることを知らない。

「太閤さんの城をもういっぺん建てたろうやないか！」

昭和三年（一九二八）に当時の関一《せきはじめ》市長の音頭取りで大阪城再建の声があがると、寄付の申し込みが殺到。わずか半年で目標額一五〇万円の資金が集まり、昭和六年（一九三一）十一月、大阪城天守閣は大阪市民の手によって再建されるのである。

昭和七年には東京市が近隣八二町村を合併して人口を五五〇万人、世界第二位とし、大阪市の人口日本一の時代はわずか七年で終わるのだが、

「今に見とれ。抜き返したる！」

という東京に対する対抗意識は、大阪人の心意気であり続けた。

寿屋の特色は豊富な商品ラインアップにある。船場の薬種問屋からの伝統だ。

山崎蒸溜所が竣工した年（大正十三年）、会社定款《ていかん》の事業目的に、飲食料品、化学工業品の製造販売を加え、経営の多角化に乗り出した。そして二年後の大正十五年（一九二六）、「半練《はんね》り歯磨《はみがき》スモカ」の発売を開始する。この商品のアイデアを出したのは、意外なことに広告担当の片岡敏郎だった。

今でも〝ハミガキ粉〟という言葉が生きているように、従来のハミガキは大手のライオンなどもみな粉末だった。粉は舞いやすい。片岡はその欠点に目を付けた。

（それなら湿らせればいいんじゃないか？）

寿屋という会社は、担当部署間の垣根がきわめて低い会社で、関係ない部署の人間も自由にアイデアを出してくる。そして相手もそれに耳を傾ける。素人が平気で口を出してくることから〝アマチュアリズム〟という言葉で表され、サントリーになった今も続くよき伝統とされている。

信治郎からして広告をすべて片岡に任せておいたわけではなく、どしどし口をはさんだが、片岡も負けてはいなかった。その成果がこのスモカだったというわけだ。

商品のコンセプトにも独自性を打ち出した。当時は愛煙家が多かったことに着目し、歯についたヤニの汚れを落とすのに効果があることをうたい文句にしたのだ。

自分が発案者だけに、宣伝にも力が入る。

吸ったタバコのニコチンで
腹は黒いが歯は白い
スモカ仕立の男前
ムハ、ムハハハハハ

という人を食ったようなコピーで、またたく間に世に知られるようになっていった。

それでも信治郎の顔は晴れない。ウイスキー事業への先行投資が予想以上に負担になっていたからである。しびれを切らした経理担当役員が、

「大将、あのウイスキー、一日も早う売り出しておくんなはれ」

そう言ってせかしてきたが、竹鶴は中途半端な熟成期間で市場に出すことを頑として拒み続けた。

資金繰りが悪化していく中、信治郎は乾坤一擲《けんこんいってき》の賭けに出ようとする。

カスケードビールで知られた日英醸造が、関東大震災による被害もあって経営が悪

化し、酒税を滞納したことにより鶴見工場が競売にかけられることになった。これを奇貨としてビール事業に進出することを考えたのだ。

当時のビール業界には、大日本麦酒という巨大企業が君臨していた。激しい競争で共倒れになるリスクを緩和する狙いから、大阪麦酒（アサヒビールの前身）、日本麦酒（恵比寿ビールを販売）、札幌麦酒（サッポロビールの前身）の三社が合併して明治三十九年（一九〇六）に設立されたのである。

合併後もアサヒビール、恵比寿ビール、サッポロビール、ユニオンビールなどの銘柄で販売を継続したが、合計した市場占有率は七〇パーセント近くあった。業界二位の麒麟麦酒のシェアは二〇パーセント程度に甘んじており、キリンビールがシェアを急拡大するのは、戦後、大日本麦酒が分割されて、アサヒビールとサッポロビールになってからのことである。

信治郎がビール進出を考えたのは、深刻な不況を背景にビール需要が頭打ちとなり、大日本麦酒が中心となって生産数量や販売価格の協定を結び、共倒れを防ごうと守りに入っていた時期にあたる。

だが、熟成に時間のかかるウイスキーと違い、ビールは製造してすぐ出荷して現金化できる。不景気もいつまでも続くはずはない。商機は十分あると踏んだ。

同じように考えた同業者はほかにもいたようで、何人もが競売に手を上げた。昭和三年（一九二八）十一月、日英醸造の鶴見工場（現在の横浜市鶴見区元宮二丁目）で入札が行われることとなった。

定刻にはまだ早い。信治郎は部下を伴って工場の屋上に上り、海を眺めていた。この日はちょうど昭和天皇即位の御大典記念の観艦式が横浜沖で行われており、その様子が一望できた。連合艦隊はもとより、海外の艦船も加わった盛大なものである。

そのうち沖の方から礼砲がとどろいてきた。その数、何と一〇一発。

（これは神さんのお告げにちがいない）

そう確信した信治郎は一〇一万円で入札し、わずかの差でみごと落札することができた。

「竹鶴はんには、こっちの工場長も兼務してもらいたい」

信治郎からそう言われ、竹鶴はわが耳を疑った。ウイスキーをつくるために来たのである。それがビールの工場長とは……。だが社長命令である。黙って従った。根が真面目だから、やるからには全力だ。鎌倉に転居し、工場立て直しの指揮を執りはじめた。

そうこうするうち、いよいよ寿屋が日本初の国産ウイスキーを発売する日が近づいてきた。

問題はいくらで売り出すかだ。

スコッチウイスキーは相変わらず高価ではあったが日本市場に確実に浸透していた。芥川龍之介の最晩年（昭和二年）に書かれた小説『歯車』にブラック＆ホワイトが登場しているが、オールドパー、ジョニーウォーカー、ホワイトホースなど、主要な銘柄はすでに出回っており、少なくとも上流階級は本場のウイスキーの味を知っていた。ライバルは、これら本場のスコッチなのだ。

信治郎は強気だった。ジョニーウォーカー赤ラベルが五円で買えたときに、それとほとんど変わらない四円五〇銭で売ることを決めた。

サントリー山崎蒸溜所に行くと、第一号のボトルを見ることができるが、ラベルのデザインは今でも十分通用するものだ。そこにも例の「向獅子印」が使われていた。二頭の獅子が向かい合って守っている盾の上には二つのSの字が刻まれている。ラテン語の「スピリタス　サンクタス（Spiritus Sanctus）」の頭文字で「聖なる水」、「生命の水」という意味だ。昔から英国ではウイスキーやブランデーを指してこう呼び、これを語源とする英語の「スピリッツ」は精神という意味となった。

高級ウイスキーの風格は十分だ。

こうして昭和四年（一九二九）四月一日、「サントリーウイスキー」が世に送り出された。ラベルが白かったことから後に「白札」と呼ばれるようになる。

当時の寿屋全体にみなぎっていた高揚感は、当時の新聞広告からも伝わってくる。

醒めよ人！
舶来盲信の時代は去れり
酔はずや人
吾に国産至高の美酒　サントリーウヰスキーはあり！

片岡の格調あるコピーが、高らかに新しい時代の到来を告げていた。

ところが……である。市場の反応は意外にも厳しいものであった。売れないのだ。

「なんか焦げくそおすな」

なじみの芸者にまでそう言われ、信治郎はがっくりと肩を落とした。

スコットランド・ハイランド地方の本場のスコッチを目指しただけに、ピートのきいたスモーキーなフレーバーなのは当然だった。それこそが本物の証《あかし》のはずだったのだが、世間受けしなかったのだ。

通常、ラウドな（くせの強い）スピリッツであるモルトウイスキーは、それをいくつも組み合わせることで、個性が引き出されていく。ところが味を調節しようにもブレンドするための多様な原酒がまだできていないのだ。時間と資金と労力とをつぎ込んだだけに失望感は深かった。

発売を前にして竹鶴は、

「まだ早すぎます。もう少し熟成させるべきです」

そう忠告したと言われている。確かに蒸留開始から発売まで四年三ヵ月しか経っていない。

だが信治郎の鼻は当代一流である。本場のスコッチウイスキーと比較して、それでも負けていないと判断したからこそ価格を強気に設定したはずだ。

むしろ日本人の舶来好きをもう少し勘案するべきだったのではないだろうか。日本人はウイスキーの香りの向こうに欧米を夢見ながら陶然とした。それが日本産では、やはり興ざめだったのではないか。

翌年、値段を下げて〝赤札〟の「サントリーウイスキー」を発売してみたが、それでも売れないのには愕然とした。

確かに市場環境は最悪だった。昭和四年は、全世界を大混乱に陥れた世界恐慌の年である。わが国も、井上準之助蔵相が金解禁をしたとたんに世界恐慌の波にのまれ、従来のデフレにさらに追い打ちがかかり、景気低迷はとどまるところを知らなかった。

そのまさに昭和四年（一九二九）、竹鶴の頑張りもあって「新カスケードビール」が出荷開始され、さらに翌年には寿屋の新ブランドである「オラガビール」が発売された。庶民的だということで国民の間で人気の高かった田中義一前首相の口癖である「オラ（俺）が」という山口弁にあやかった命名だ。

大日本麦酒が中心となって生産数量と販売価格の協定が結ばれていたが、信治郎は価格協定など守るつもりはない。「オラガビール」は、協定価格の三三銭に対抗して二七銭という低価格で販売した。

当時は協定で他社の瓶は使ってはならないということになっていたが、協定を破って信治郎は他社の瓶を使うことでコストを下げ、一本二七銭という価格を実現したのだ。

田中義一に似せた張りぼてを作って派手な宣伝をした。だが田中前首相は「満州某《ぼう》重大事件」（張作霖爆殺事件）で天皇の信任を失い、失意の中、昭和四年に退陣したのみならず、そのわずか二ヵ月後に急死している。あまりに不吉な命名であった。田中が祟《たた》ったわけではなかろうが、先述したように不景気なこともあってさっぱり売れない。二七銭を二五銭に値下げしてもまだ売れない。

失敗を取り返そうとして、かえって傷口を広げてしまうのはよくあることだが、信治郎はウイスキーに加え、ビールでも苦戦を強いられることとなった。

「赤玉ポートワイン」は引き続き好調だったが、これだけではほかの部門の赤字をカバーしきれない。寿屋の経営はしだいに傾いていき、さしもの信治郎も眠れない夜が続いた。

次男の敬三に養子縁組の話が持ち上がったのは、そうした中でのことだった。

鳥井クニと佐治くに

　昭和七年（一九三二）四月、敬三は関西の名門・大阪府立浪速高校尋常科に入学した。四年間の尋常科と三年間の高等科からなる七年制高校だ。

　この当時、旧制中学は本来五年生までなのだが、とくに優秀な生徒は〝四修〟と言って四年修了時に旧制高校の受験が許された。だが七年制高校では、最初から四年で高等科に進学させることを前提としている。私立を合わせ、こうした七年制高校は全国（台湾を含む）に九校しかなかった。

　敬三が受験した年、浪速高校尋常科入試は競争率約五倍という狭き門。入試本番では算術で大ポカをやらかし、悄然《しょうぜん》としながら家路についたが、結局合格しており、喜びも格別だった。

　入試の後というのは誰しもほっとできる時間のはずだ。ところがここで、敬三の顔から笑顔が消えてしまう出来事が待っていた。

　突然、信治郎から、

「大事な話がある」

と前置きされたうえで、こう告げられたのだ。

「今度おまえには〝佐治〟という家に養子に行ってもらうことになった。もう大きいんやから養子って何かわかっとるな」

いつもの同じ父親かと、思わず顔をのぞきこんでしまいたくなるほど優しい口調だ。最初は何を言っているのか理解できなかったが、その意味が飲み込めると、怒れたとき以上の衝撃に立ちすくんでしまった。青天の霹靂《へきれき》とはこのことである。

長男の吉太郎が特別扱いなのはわかっている。それは当然のことだと思っているし、何の不満もない。いやむしろ、厳しい父のあとを継ぐ兄に同情すら寄せていた。だが敬三には、自分がどうして養子に出されねばならないのかトンと理由がわからない。

「佐治家は名家なんやけど後継ぎがいてはらへん。それでおまえに白羽の矢が立ったというわけや」

という説明にも納得がいかなかった。

どうして親戚でもない家に鳥井家から行かねばならないのか……。

〈ただ無性に悲しく、やり場のない思いに母の膝にすがった〉（『へんこつ　なんこつ』）

「養子言うても名前が変わるだけやがな。敬三はいつまでもうちの子や。生活もこれまでどおり、この家で暮らすんや。なんも変わらへんから心配しいな」

クニは笑顔を作って必死になだめた。

「おまえ、なんで名前急に変わってん？　親が離婚でもしたんか？」

という級友たちの質問が容易に想像できる。

そこはさすがに信治郎も考えたのか、受験が終わって新しい学校への進学が決まるまで伏せていた。いやおそらく、そう配慮したのはクニであったろう。

敬三は後々まで、養子の件になると不思議なほど言葉を濁した。

「次男の私は母方の姓をつぐことになり、佐治姓となったわけです」

と、事実と異なることを語っている例がきわめて多いのは先述したとおりである。

いったい鳥井家に何があったのか。そう思って資料を渉猟《しょうりょう》するうち、『サントリー七十年史』の中に、山口瞳が書いた次のような一節を見つけた。

〈サントリーウイスキーは、昭和六年には仕込みを行わなかったのである。出来なかったのである。金が底をついたのである。従ってサントリーの酒庫には「１９３１」という年号を記した樽が無いのである。それがどんなに辛いことか、ウイスキー・メ

ーカーでなくとも容易に想像がつくと思う〉

企業は赤字で倒産するのではない。資金繰りで倒産するのだ。運転資金というのは突如ショートすることがあるから恐ろしい。それは現代の企業もしばしばおちいる罠《わな》である。積極経営による大規模投資が裏目に出たのだ。

そしてついに寿屋は、原料の大麦を購入する資金さえなくなり、昭和六年には仕込みができない事態に立ち至ったというわけだ。

しわ寄せは当然家族にも及ぶ。吉太郎は大学に進まず、昭和六年、寿屋に入社した。

吉太郎が神戸高商在学中の昭和四年（一九二九）四月、三年制の神戸商業大学（のちの神戸大学）が設立され、これに伴って神戸高商在学生は神戸商業大学附属商学専門部への移行が始まっていた。

入試があるわけでなく大学に移行するだけなのだが、大麦も買えない寿屋の窮状に、人一倍親孝行だった彼は大学進学を断念するのである。教育熱心だった信治郎も、ことここに及んでは彼の申し出に甘えずにはいられなかった。それほど追いこまれていたということである。

ところが、ここに一つの疑問がある。

信治郎はこの年（昭和六年）の夏から、竹鶴夫妻をガイド役として吉太郎を半年間欧州に行かせ、本場英国のウイスキー蒸留所やフランスのボルドーワインのシャトー（葡萄畑と醸造場）を視察させていることだ。

当時の海外渡航費用は今とは比較にならない。それを三人分もつぎ込むなどということは倒産寸前の会社にできることではない。この短時日のうちに、どうして寿屋は復活を遂げることができたのか？

その問いに対する一つの仮説だが、敬三を佐治家へ養子にやったことによる資金的な見返りがその鍵を握っていたのではないかと筆者は推測する。そうすれば、すべてのことが急にはっきりと見えてくるのだ。

そもそも信治郎は、養子の持参金によって生き返った商家の例を身近に見ている。ほかでもない、彼が奉公していた小西儀助商店だ。

初代小西儀助は資金繰りに困り、店をたたまなければならないかもしれない危機に直面した。そこで彦根の薬種問屋の北村家から婿取りし、〝のれん〟を継がせる代わりに持参金を持ってこさせた。それが二代目小西儀助こと北村伝次郎である。

信治郎が仕えたのが彼で、大阪で最初に電話を引くなど進取の精神に富んだ人物として知られ、小西儀助商店を危機から救ったのみならず、大きく飛躍させた。

信治郎は、これを寿屋で応用しようとしたのではあるまいか。

家社会であった戦前において、養子縁組の持つ意味はきわめて重い。そこにある程度の持参金が発生するのはむしろ自然であった。だが、ものごころついてから、自分が養子に行った理由は父親の事業が傾いたためだと気づいたときの敬三の心の動きはどうだったのか。

彼はのちに、ウイスキーで大成功を収めていたにもかかわらず、ビールに挑戦する。

そのことは先述したように、現状に甘えず社内に緊張感を持たせるため、あえてフロンティアに挑戦した結果であると同時に、信治郎が失敗したビール事業に父親に代わって挑む〝親孝行〟の試みでもあった。

しかしそれに加えて、養子に出されねばならなくなった資金繰り悪化の元凶へのリベンジだと考えるのは、うがちすぎだろうか。そこまで考えて初めて、ビール事業が赤字続きでもけっして撤退をしなかった、彼のこだわりの背景が見えてきはしないだろうか。

悄然としているわが子を見て、信治郎もかわいそうだと思ったのだろう、養子に入った昭和七年の夏、後にも先にも一度きりの家族旅行に出かけた。

行き先は鳥取県の三朝《みささ》温泉。少し北に行くと透明度の高い美しい海があるが、あまり元気がないうえにカナヅチの敬三は磯遊びしているだけだ。

するとすると信治郎は、

「見とれ！」

と言うと、ステテコ一枚になってざぶんと海に入った。

いつもの威厳はどこへやら、犬かきのような何とも珍妙な格好で泳ぐ父親の姿が、後々まで敬三の記憶に残った。信治郎なりに、敬三を励ましていたのである。

新しく敬三の養母となった人は、大須観音《おおすかんのん》にほど近い名古屋市中区不二見二一番地（現在の中区富士見町二番）に住む佐治くにといい、はからずも母親と同じ名前だった。

佐治くには名古屋財界の有力者だった元名古屋電燈取締役佐治儀助《さじぎすけ》の未亡人で、多額の遺産を相続していた。佐治儀助には先妻との間に栄太郎という息子がおり（二二三ページ家系図参照）、この縁組は、佐治家という家名を残したいことだけが動機ではなかったようだ。

ここで少し詳しく、敬三が養子に入った佐治家について触れておきたい。

そもそも佐治一族は、もとをたどれば知多半島一帯を領していた豪族で、佐治水軍として知られ、織田信長の妹お犬の方は佐治信方《さじのぶかた》に嫁《か》している。

佐治儀助については長坂益雄著『甲賀武士と甲賀・知多大野の佐治一族』が詳しいが、中部電力にも協力を得て調べたところ、名古屋財界では電力業界を中心に相当な影響力を持った人物であったことがわかってきた。

彼はもともと愛知県北西部に位置する中島郡大里村（現在の稲沢市）の出身である。この地には今でも佐治姓が多い。名古屋に出て大須観音付近で古着屋を営んでいたが、その後、大須観音裏（現在の大須二丁目周辺）にあった旭遊廓《あさひゆうかく》の寿楼《ことぶきろう》の経営者（楼主《ろうしゅ》）に転じる。

明治二十五年（一八九二）の「大須の大火」で妓楼《ぎろう》七〇軒が被害に遭い、原因がロウソクだと知れると、旭遊廓の楼主たちはロウソクや石油ランプから電灯に切り替えようと考えた。

現在のソープランドの経営者と同一視してはいけない。当時は大実業家だ。潜在的大口需要先である彼らは、団体割引を名古屋電燈（現在の中部電力）から断られたのをきっかけに、ちょうど準備中だった愛知電燈の設立に参加。佐治儀助も発起人に加わった。

愛知電燈と名古屋電燈はしばらく競合していたが、明治二十九年（一八九六）、愛知電燈が名古屋電燈に吸収合併され、佐治儀助は名古屋電燈の経営に加わることとなった。ふつうこうした場合、吸収された側はあまり活躍できないものだが、佐治は有能だったのだろう、頭角を現していく。

だが名古屋電燈の経営は苦しかった。長良川発電所建設などにより借入金が膨らみ、日露戦争後の不況も重なって株価が下落。それに目をつけたのが福沢諭吉の娘婿である福沢桃介《ふくざわももすけ》である。一気に株式を買い占め、筆頭株主に躍り出た。

明治四十三年（一九一〇）一月に佐治は取締役となり、続いて開かれた取締役会で常務に選ばれているが、佐治は福沢の器量を見抜き、同年五月、常務の椅子を福沢に譲って取締役に退いた。

佐治は常務を退任したが、福沢派の役員として、はたまた名古屋電燈第二位の株主として、隠然たる力を維持し、木曾川水系の電源開発に尽力する。名古屋劇場、御園座《みそのざ》といった名古屋の名門企業の取締役を兼務し、名古屋商業会議所（現在の名古屋商工会議所）のメンバーにも選ばれるなど、押しも押されもせぬ名古屋財界の重鎮となっていく。

大正六年（一九一七）七月二十六日、名古屋電燈取締役在任中に病を得て死去。享年七十四。

その功績を称えるべく同社は彼を社葬扱いにし、当代一流の彫刻家朝倉文夫にブロンズ座像の制作を依頼。佐治がその建設に功績のあった岐阜県賤母《しずも》発電所の竣工を記念して大正八年（一九一九）十月、同発電所内に設置された。

『大同電力沿革史』に写真が掲載されているが、和服姿で椅子に腰かけたその姿は堂々としたものだ。ご多分にもれず先の大戦中に金属供出されてしまったが、石段つきの立派な基壇、台座、そして刻文が今に残されている。

一方の佐治くにには神戸の出身で、父親は岬五兵衛、母親はきの。どういう経緯で信治郎が佐治くにと知り合ったのかは不明である。

「（佐治くには若いころ）芸者だったと聞いていますが」

と佐治儀助の係累《けいるい》の一人は語ったが、確認はできていない。だが少なくとも、佐治くにと鳥井信治郎が、敬三の養子話の出る相当前から知り合いだった可能性が高い。

彼らの過去を追ううち、国会図書館に『恩賜財団済生会大阪府中津病院二十五年史』という史料があるのを偶然見つけた。

同病院の沿革が記されているページを見ると、大正十年（一九二一）八月、米騒動の三年後でまだ米価が高かった時期に信治郎は大量の米を寄付していることがわかる。同年十二月十八日には彼の寄付した病棟の起工式が行われ、「鳥井病棟」と名付けられたそうで、写真も二葉掲げられている。

ところが昭和二年（一九二七）十一月十六日、佐治くにもまた、三〇病床分の維持費として五〇〇円という大金を寄付しているのだ。今よりもエリートとされた大卒の銀行員の初任給が七〇円だった時代のことである。

そして妙なページがあった。名刺のような形の枠が二つ斜めに並んでいて、それぞれ「鳥井信治郎氏」「佐治くに子氏」と名前が書かれており、右下に次のような注記がされているのだ。

〈この両氏の御写真を掲げたく再三御依頼いたせしも謙譲《けんじょう》せられたるを以て御氏名を記して深謝の意を表す〉

信治郎の美徳の一つに〝陰徳〟がある。母コマに、幼いときから厳しく言われていた教えだ。だからこのときも写真掲載を断ったのだろうか。

この『恩賜財団済生会大阪府中津病院二十五年史』は昭和十六年十二月に発刊されており、敬三が養子に行った後だから、同じページに二人の名前が並んでいても不思議ではないが、昭和二年の段階で名古屋在住の佐治くにが大阪の中津病院に寄付をしていることからも、二人の間に以前からなんらかのつながりがあったと考えるほうが自然だろう。

いくら資産家との養子縁組とは言っても、相手が夫信治郎と昔から面識のあった女性となるとクニは心穏やかではなかったはずだ。

廣澤昌《まさる》は『新しきこと面白きこと　サントリー・佐治敬三伝』の中で、このときのクニの反応をこう記している。

〈普段はおとなしい母が、この時ばかりは黙っていなかった。信治郎に思いとどまるよう必死で頼み、説得し、数日間、大げんかが続いた。クニのあまりの剣幕に、信治郎は敬三と道夫を連れて、雲隠れしてしまう〉

この〝雲隠れ〟というのが先述の三朝温泉への家族旅行だったわけだ。

日ごろ信治郎の女遊びにも我慢し、貞淑だったクニが、もし本当に〝大げんか〟したとするならば、それは敬三を養子に行かすのはかわいそうだという母が子を思う気持ちだけではなく、妻としての複雑な感情が錯綜していたのではあるまいか。

信治郎は、敬三を養子に出すにあたって条件をつけた。

「敬三はこれまでどおり鳥井家で育てさせていただきたい」

佐治くにはその条件を了承した。そして自分の故郷である神戸へと戻ってきた。神

佐治敬三　家系図

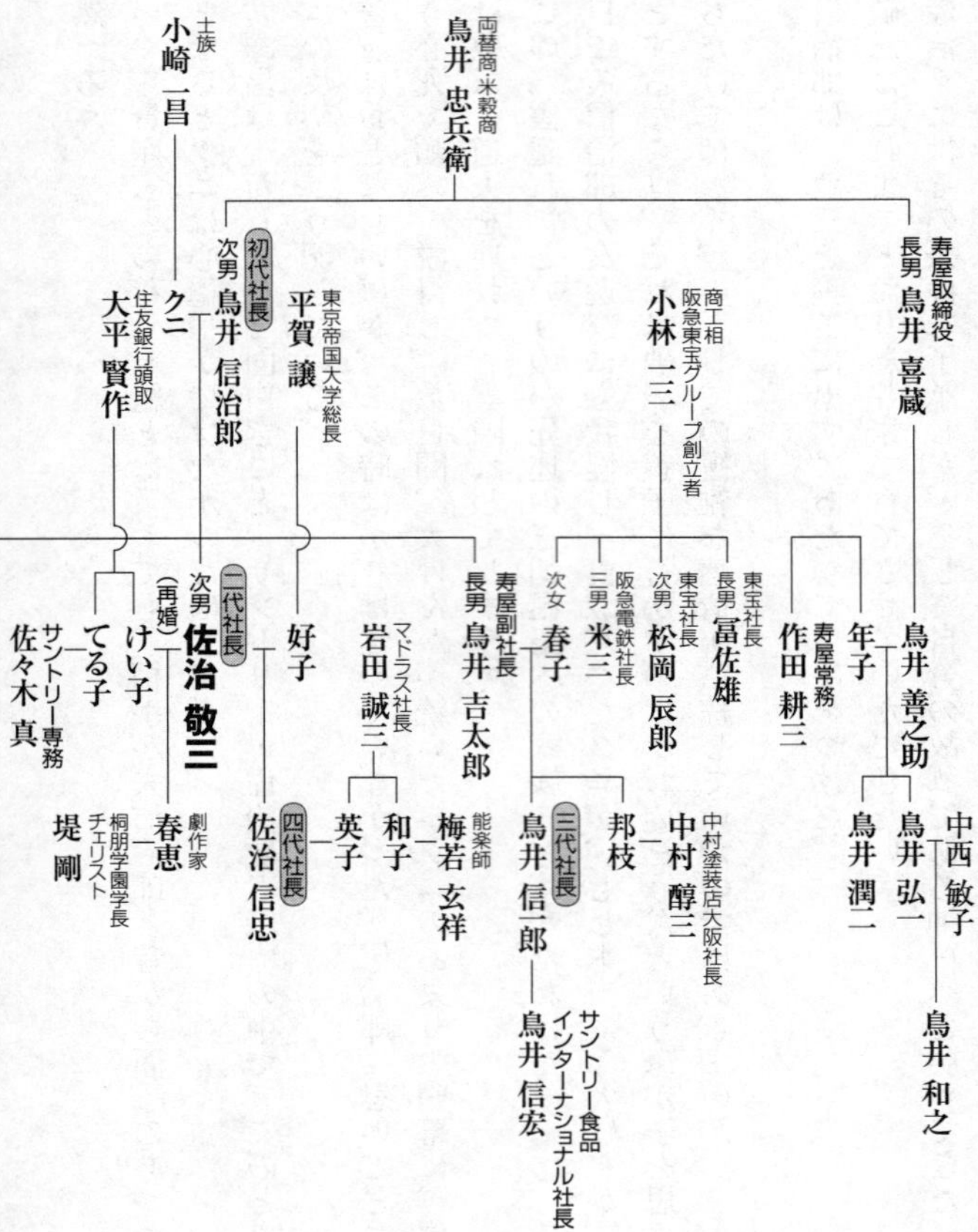

両替商・米穀商
鳥井 忠兵衛
寿屋取締役
長男 鳥井 喜蔵
商工相
阪急東宝グループ創立者
小林 一三
東京帝国大学総長
平賀 譲
初代社長
次男 鳥井 信治郎
クニ
士族
小崎 一昌
住友銀行頭取
大平 賢作
鳥井 善之助
年子
寿屋常務
作田 耕三
東宝社長
長男 冨佐雄
東宝社長
次男 松岡 辰郎
阪急電鉄社長
三男 米三
次女 春子
寿屋副社長
長男 鳥井 吉太郎
マドラス社長
岩田 誠三
好子
二代社長
次男 佐治 敬三
(再婚)
けい子
てる子
サントリー専務
佐々木 真
中西 敏子
鳥井 弘一
鳥井 潤二
中村塗装店大阪社長
中村 醇三
邦枝
三代社長
鳥井 信一郎
能楽師
梅若 玄祥
和子
英子
四代社長
佐治 信忠
劇作家
春恵
桐朋学園学長
チェリスト
堤 剛
鳥井 和之
サントリー食品インターナショナル社長
鳥井 信宏

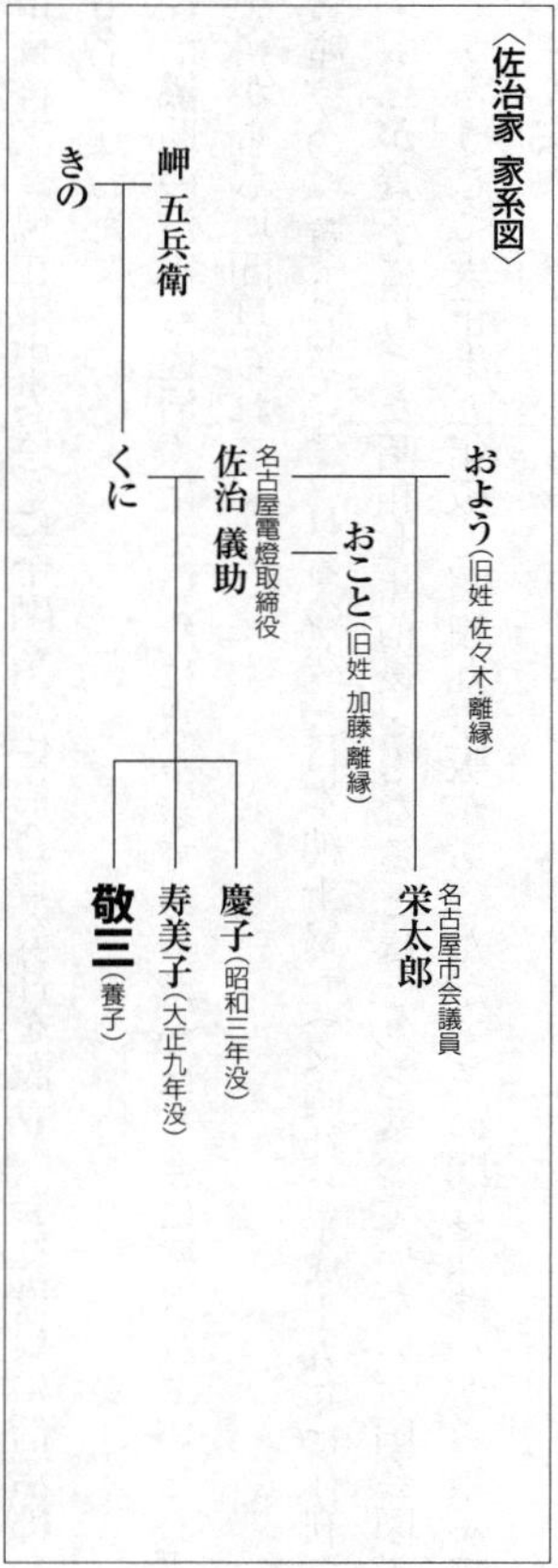
〈佐治家 家系図〉
およう（旧姓 佐々木・離縁）
名古屋市会議員
栄太郎
おこと（旧姓 加藤・離縁）
名古屋電燈取締役
佐治 儀助
くに
岬 五兵衛
きの
慶子（昭和三年没）
寿美子（大正九年没）
敬三（養子）

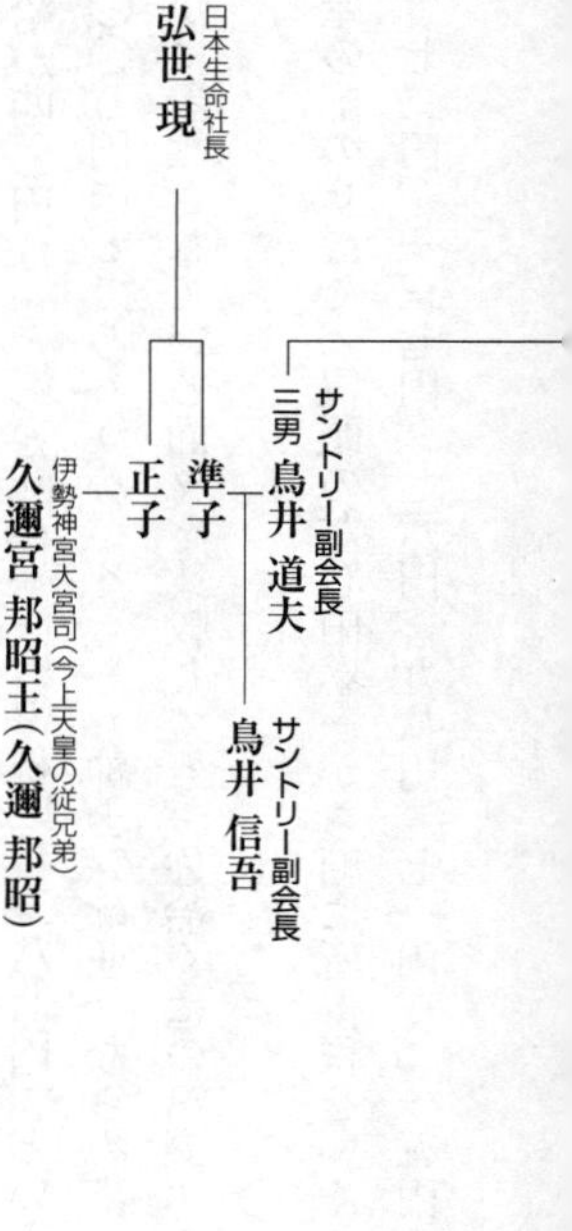
日本生命社長
弘世 現
準子
正子
伊勢神宮大宮司（今上天皇の従兄弟）
久邇宮 邦昭王（久邇 邦昭）
サントリー副会長
三男 鳥井 道夫
サントリー副会長
鳥井 信吾

戸市葺合区《ふきあい》（現在の中央区）に金融業・佐治合資会社を設立。会社役員に信治郎や敬三も名を連ねた。

佐治儀助の没後も佐治くにがいかに資産家であったかは、今に残されているわずかな史料からも垣間見《かいまみ》られる。

資産家の一覧として知られるのが『日本紳士録』（交詢社《こうじゅんしゃ》、平成十九年に休刊）だが、敬三が養子に行った昭和七年前後ともなるとほとんど残っていない。国会図書館に、かろうじて大正十五年版と昭和九年版があったが、その間は残念ながら飛んでしまっている。

そして大正十五年版の名古屋の部に、佐治くには次のように掲載されている。

〈中区不二見二一、所得税四、五八七円、電話番号南四八〇〉

小学校教員の初任給が四〇円ほどだった時代、「所得税四、五八七円」というのは現在価値にして二七〇〇万円ほどであろうか。そもそも紳士録は並々ならぬ富豪が掲載されているが、ほかに記載されている面々と比較しても、佐治くにの富豪ぶりは際立っている。

たとえば同じ名古屋の部のサ行で、冒頭の左右田泰一から順に所得税をいくら納めているか見てみると、七二円、一三七円、七六円、九八円、七一円、二一五円……となっている(この大正十五年版の『日本紳士録』は所得税四七円以上を納めていることを一つの基準にしている)。

一方、佐治儀助の遺児である長男栄太郎(先妻の子)は名古屋市会議員となっている。しかし大正十五年の『日本紳士録』を見ると、佐治栄太郎は所得税八五六円しか納めていないから(これでも十分高額だが)、遺産のほとんどは、くにが相続したものと考えられる。

離縁を先妻の方から言いだしたか、相続でもめて縁を切るといったようなことでもない限り、当時の民法下で長男の遺産相続の取り分がこれほど少ない理由の説明がつかない。謎である。

ただ、佐治儀助が生前、佐治栄太郎に家督を継がせないとして先妻と縁を切っていたとしたら、くにが新たに自分の養子として佐治家を継ぐ人間を探していたことも説明がつく。

一緒にいた年月のさほどでなかった後妻が、ほとんどの財産を持って実家に戻っていったわけだから、くにの評判は佐治家の親戚の間ではすこぶる悪い。佐治家の名前を残すことに彼女が固執したのは、後ろめたさの裏返しであったのかもしれない。

驚いたのが昭和九年版の『日本紳士録』だ。

そこには東京、大阪、京都、横浜、神戸、名古屋、福岡、静岡、千葉、埼玉の各都市および、それに隣接する郡部の資産家、計一三万五〇〇〇人ほどの名前が収録されているのだが、何とその神戸の部に、佐治くにと並んで「佐治敬三」の名が記載されているではないか。

昭和九年というとまだ敬三は十五歳。養子に入って二年目である。十五歳で紳士録に載るというのは尋常なことではない。

紳士録は前年のデータをもとに掲載が決定されるから、少なくとも養子に入った翌年にはすでに、彼は日本の高額所得者の仲間入りをしていたことになる。

さらに注目すべきは、佐治くにの所得税が、大正十五年の四五八七円から昭和九年には六四円へと激減していることだ。この間に大きな物価変動はない。佐治くにの所得税の大幅な減少には、養子に入った佐治敬三への、つまり実質的には鳥井信治郎への財産贈与があったのではないかと思われる。

住所は二人とも葺合区上筒井三‐八となっている。鳥井家に一緒に住んでいたとはいえ、戸籍は佐治家に入っていたはずだから当然だろう。

当時の上筒井は神戸でも一等地だ。大正九年（一九二〇）、梅田と上筒井の間を阪神急行電鉄（のちの阪急）神戸線が開通し、上筒井駅は昭和十一年（一九三六）に三宮《さんのみや》までの新線が開通するまで「神戸駅」だった。北野異人館や三宮から東に一キロほどしか離れておらず、今でも繁華な場所だが、当時は神戸の顔となるターミナル駅だったのだ。

『神戸市商工名鑑』を見てみると（国会図書館に、敬三が養子に行った前後のものは昭和二年版、昭和五年版、昭和七年版しか所蔵されていない）、昭和二年版（前年に神戸市で営業税三〇円以上を納付するか資本金一〇〇万円以上の会社を掲載）には佐治合資会社は掲載されておらず、この会社は敬三の養子縁組が決まってから設立されたものと思われる。

そして昭和五年版には金融業の部に、佐治合資会社が次のように出てくる。

〈有価証券売買、出資金八十万円、代表者名佐治くに、住所葺合区上筒井通六丁目二〇、電話番号葺一三三五〉

昭和七年版もほぼ同様だ。

昭和五年や七年というと、高等文官試験を合格した高等官の初任給が七五円の時代である。現在の国家公務員上級職に合格した大学卒と単純比較はできないが、後者の初任給が二一万三〇〇〇円程度であることを考えると、八〇万円というのはおよそ二三億円に相当する。佐治儀助からの相続財産と考えてまず間違いないだろう。

昭和十一年発行の『昭和神戸人名録』の中の鳥井信治郎の肩書には、寿屋のほかに佐治（資）無限社員が加わっているから、おそらくこの佐治合資会社は佐治くにが代表となり、信治郎が共同経営していたものと考えられる。

こうして見てくると、敬三の佐治家への養子縁組は鳥井家にとっていいことずくめである。

小西儀助商店が養子縁組の持参金によって危機から脱出した話は先述したが、この場合、北村家の人間が二代目小西儀助を継承して、いわゆるのれん代を手にしたのだから、持参金をたんまり持っていったのも理解できる。

だが信治郎は、未亡人の佐治くにの老後の面倒をみるといった口約束をしたかもしれないが、敬三が佐治家の名前を継いだこと以外、失うものは何もない。

加えて言えば、佐治家という名前も、すでに佐治儀助には長男がいるのだから絶家になるわけではない。養子縁組によって巨額な財産を寿屋の経営てこ入れに投入したのは、繰り返しになるが、信治郎との浅からぬ関係があったと考えるほか、合理的な説明がつかないのではないか。

佐治くには、敗戦の色濃くなりつつあった昭和十九年（一九四四）九月九日に死去している。くにの死の三ヵ月後に敬三は結婚しているから、くにに婚約の報告をすることまではできたかもしれない。

そして佐治合資会社の名前は、くにの死後、資料から消えている。

佐治家の家紋は〝丸に日の丸扇紋〟だが、今の佐治家は鳥井家と同じ〝五瓜唐花《ごかからはな》紋《もん》〟を継承している。だが、くにの死後も鳥井家は敬三を佐治姓のままにしたし、敬三もまた佐治家に格別の思いを抱き続けた。

佐治儀助の出身地である愛知県稲沢市の定福寺には、佐治儀助たち四兄弟が建てた彼らの父母の顕彰碑が残されている。

本堂の屋根の葺き替え工事をする際、佐治家の親戚たちが土地でとれたクワイ（〝芽が出る〟という縁起物の野菜）を土産に、敬三に寄付を求めに行ったところ、彼は快く応じてくれたそうだ。

また敬三は、佐治くにのためにも尽くしている。

彼女の実家である岬家の菩提寺《ぼだいじ》は神戸市兵庫区にある阿弥陀寺だが、阪神淡路大震災で大きな被害を受けた。これを憂えた敬三は、本堂再建のために大きな寄付を行っている。

現在、堂内には「本堂落慶記念平成十年四月吉日 施主佐治敬三」と書かれた、黒光りした立派な基壇があるが、敬三は再建された本堂を訪れるのを楽しみにしていたそうだ。しかし体調を崩した彼は、本堂完成の翌年に他界してしまい果たせなかった。

それでも寿屋再建を支援してくれた佐治家に、敬三は十分恩返しをしたと言えるだろう。


敬三が養子に入ったおかげで資金面の不安はなくなり、吉太郎が入社したこともあって元気を取り戻した信治郎は、必死に寿屋を立て直そうとする。

昭和六年（一九三一）四月六日には、信治郎を奮い立たせる出来事があった。伏見宮殿下（博恭王《ひろやすおう》）の寿屋訪問である。海軍武官として三年間英国に駐在していた殿下は、日本初のウイスキー工場にいたく興味を持ち、山崎工場を見学した。

このときの記念に写されたものと思われる家族写真（一五二ページ）が残されている。

いちばん右にいるのが信治郎。前列には小学六年生になったばかりの敬三と三年生の道夫の兄弟が、ちょっと照れたような顔をして並んでいる。左にいるのは母クニ。ふくよかで和服の似合う美人である。そして真ん中後方にいる眼鏡をかけた上品な青年が長男の吉太郎だ。

この伏見宮の訪問は、寿屋が再スタートを切るにふさわしい一大イベントとなるはずだったが、業績は思ったように好転しなかった。

名将の条件は、撤退する潔さを持っていることだろう。信治郎は思いきったリストラに着手する。

昭和七年（一九三二）十一月一日、まず彼が手放したのは、何とあの売り上げ好調な「半練り歯磨スモカ」と、寿屋の広告を支えてきた片岡敏郎だった。彼に払っている高給が重荷だったからだろう。収益を生んでいた事業にかけがえのない人材、これらを手放すのは断腸の思いだったに違いない。

大きな犠牲を払いながら、信治郎は業績を回復させることに執念を見せたが、鳥井家はこの後、さらなる試練に直面するのである。

たび重なる試練

敬三が浪速高校尋常科二年になった昭和八年（一九三三）の夏のこと、豆腐が原因で近所に腸チフスが発生した。サルモネラ菌の一種であるチフス菌が、水や食物を介して体内に入り発病する経口《けいこう》感染症である。

信治郎は毎晩料亭に繰り出して家にほとんどいないため感染を免れたが、長男の吉太郎がうつり、続いて敬三、道夫も病院に担ぎ込まれた。入院したのは大阪市西区の日生《にっせい》病院の隔離病棟である。そしてついにクニまでが倒れてしまう。

もともと体力のない敬三は自分のことで精一杯。意識が朦朧《もうろう》とするなか、母親の見舞いに行くことなどとてもできない。

そのうち敬三たちは何とか山を越した。まだふらふらしていたある日、無理をしてでも起き上がってクニの病室に来るよう信治郎から伝言が届いた。看護婦に支えられながら部屋にたどり着くと、すでに家族が集まっている。

ベッドの中にいたのは見慣れた母の姿ではなかった。

頬はこけ、目がくぼんで黒い影をつくり、荒い息をしている。敬三もかなりやつれていたが、あのふくよかな母親が見る影もなく病み衰えていることに愕然となった。

「お母《かあ》はん！」

声をかけても、意識が混濁していて返事がない。

八月下旬の猛暑に体力を奪われ、もともと心臓が弱かったクニはそのまま衰弱していき、ついに息を引きとった。昭和八年八月二十三日のことであった。この日の大阪の最高気温は三三度。猛烈な暑さが、絶望的な喪失感とともに記憶に焼きついた。

それは敬三にとって初めて経験する〝人の死〟であった。それがまさか自分の母親だとは……。まるで三人の息子の身代わりになってくれたようである。日ごろから優しい母だっただけに、なおのことそう思った。

クニを失って、家の中は灯が消えたようになってしまった。

なんとかしたいと思った信治郎は、長男の吉太郎に嫁を迎えることを考える。めでたいことでもう一度明るくしたいと考えたのだ。

（こいつは、わしにないものを持っとる）

日ごろから信治郎は、この吉太郎に大きな期待をかけていた。〝いらち〟で、すぐ頭に血がのぼる信治郎に対し、吉太郎は度量が大きく温厚そのもの。取引先からも頼りにされていた。

祭原商店取締役の富田直次は、次のような吉太郎への感謝の言葉を残している。

〈寿屋さんとうちとの関係は、赤玉売出し時分からですが、その間ずい分いろいろのことがありましてね、鳥井社長ともよく喧嘩したものですよ。ところがいつもその間に入って、双方をうまくとりなしてまとめて下さるのが吉太郎さんだったのです。こういうことは誰でもできるというものではなく、ただただ吉太郎さんのご人徳によるものと考えております〉(『社報』昭和二十八年二月号)

信治郎は吉太郎を竹鶴家に住み込ませてリタ夫人から英語の手ほどきをしてもらい、先述したように、竹鶴夫妻ともども半年間渡欧させ、本場のウイスキー蒸留所やワイン醸造場を視察させている。それもこれも、吉太郎を海外にも通用する一流の経営者に育て上げるためであった。

そんな大事な跡取り息子のために信治郎が探してきた結婚相手は、その期待の大きさにふさわしい女性であった。あの阪急東宝グループ総帥《そうすい》小林一三の娘。しかも小林が溺愛《できあい》していることで知られた次女の春子である。吉太郎の旧制中学時代の親友米三の妹だ。

春子には当然、いい縁談が降るほどあった。爵位を持つ家からの縁談も来たが、

「見合い写真を比べたら、主人（吉太郎）の方がいい男だったんで決めたんです」

とのちに語っている。父親に似て男まさりの春子らしい。

クニを亡くしてまだ半年も経っておらず、喪が明けたとは言えないほどだったが、年明けすぐの昭和九年（一九三四）一月九日に式を挙げ、晴れて春子を鳥井家の嫁に迎えることができた。


ところが、家族を何とか元気づけたいという信治郎の願いもむなしく、母親の死に打ちのめされた敬三は、退院後も体力が戻らなかった。

昭和九年の尋常科三年の夏、肺浸潤《はいしんじゅん》と診断される。初期の肺結核である。学校をしばらく休むことになった。

早く学校に戻りたいが、当時の結核は死に至る病。完治しないと医師の許可が出ない。焦りがつのる中、無情にも月日は流れていく。結局、学年の後半をすべて欠席することとなり、三年生をもう一度やることが決まった。留年である。

思い起こせば、養子縁組を告げられた日から災難ばかり降りかかってきた。

母クニの死、発病、そして留年。肺浸潤が悪化して、命を落とすことになるかもしれない不安もある。言いようのない挫折感が、彼を暗く無口な少年に変えていった。

精神的ストレスが免疫力をさらに低下させていく。翌春には何とか復学したいと思っていたが、体調はいっこうに良くならない。結局、留年明け一年目の一学期も全休してしまう。病床で勉強していたから授業についていけなくなる心配はなかったが、二年連続して留年すると退学というのが規則。せっかく苦労して入った学校だけに、そのことが大きな心の重しになりはじめた。

そんな敬三を気にかけてくれたのが、担任の佐谷正《さたにただし》教諭である。しばしば病床を訪れて彼を励まし、雑誌や本の差し入れをしてくれた。

とりわけ雑誌『青年』のなかの下村湖人「次郎物語」の連載が楽しみだった。主人公（本田次郎）がさまざまな試練を乗り越えて成長していく過程を描く、当時の代表的な教養小説である。病床でそれを読みながら、次郎とともに耐え、次郎とともに泣いた。どんな逆境にも負けない勇気を彼からもらった。

そんな佐谷先生の励ましに背中を押されるようにして、なんとか二学期からは歯を食いしばって登校しはじめた。

一年留年して同級生となったのが、終生の友となる佐野正一である。多感な時代の友情は人生の宝だ。体調のこともあって苦しかったこの時期、佐野の存在は大きな支えとなった。

彼は大変な秀才である。東京帝大建築学科を〝銀時計組〟で卒業した後、鉄道省に入省して三代目京都駅の設計などで活躍。安井建築設計事務所に入社してからも斯界《しかい》の権威として数々の賞を受賞している。

敬三は、山崎蒸溜所、多摩川工場、武蔵野ビール工場、サントリーホールなど、サントリーの重要な施設の設計の多くを彼に任せた。それは佐野の確かな実力と互いの深い信頼関係があったればこそであった。

佐野は平成二十六年（二〇一四）三月二十日にこの世を去るが、ちょうどその一年前、インタビューする機会を得た。九十二歳という年齢をまったく感じさせず、七十七年前の旧制高校時代のことを、ついこの間のことのように語ってくれた。

「後年の豪快な佐治君の面影などまったくありませんでしたね。気管を痛めている子が当時よくしていたように、首にガーゼを巻きましてね。顔色もあまりよくなくて青白い。『おとなしい子やな』っていう印象でしたよ」

そんな頼りなげな様子の敬三だったが、復学して間もなく、少し元気の出る出来事があった。

佐谷先生の英語の授業で先生の出した質問に、

「はいっ！」

と勢いよく手を上げたところ、教室を見渡すとほとんど手が上がっていなかった。

それを見た佐谷先生は、

「休んどった佐治が手ぇあげとるやないか。ほかのもんは何しとる！」

と言ってくれたのだ。

その言葉を聞いた瞬間、敬三の青白い顔にうっすら赤みが差した。

このとき、自分がいかに嬉しかったかを、彼は後々まで何度も人に語った。そんなとき、彼の眼鏡の奥には、しばしば光るものがあったという。


ビール事業と竹鶴のその後についてである。

信治郎は協定を破って他社の瓶を使い、低価格を実現したわけだが、そのことが他社の逆鱗《げきりん》に触れ、商標侵害で訴えられる。判決は彼らの勝訴。信治郎は地団太《じだんだ》踏んでくやしがったが、司法の決定には従わざるをえない。彼は怒りを押し殺しながら、

「他社さんのマークがなければよろしいんやろ！」

と、工場に二〇台ものグラインダーをずらっと並べ、瓶に刻まれている憎っくきマークを削り落としていった。

その後も意地になって悪戦苦闘したが、大日本麦酒や麒麟麦酒などの既存勢力は、つけいるすきを見せない。参入時の寿屋のビールの市場シェアは二・〇パーセント、最高でも昭和五年の三・二パーセントどまりだった。

ここにきて信治郎は撤退することを決めていたが、そのことは自分の胸のうちだけに秘めていた。

昭和八年に入って、竹鶴は信治郎から鶴見工場を拡張するよう指示を受けた。竹鶴の母が亡くなったのは、この年の十一月のことである。臨終に間に合わなかった。工場長としての仕事が忙しく、なかなか職場を離れられなかったためである。

親孝行を第一に掲げていた信治郎のことだ。相談してくれたらすぐにでも帰らせただろう。竹鶴もそのことはわかっていたが、責任感の強い彼はあえて伏せていたのである。

重い心を引きずって工場に戻り、ふたたび拡張工事の陣頭指揮に立っていたある日のこと、思いがけない報せを受ける。工場は麦酒共同販売に売却されることになったというのだ。麦酒共同販売は、大日本麦酒と麒麟麦酒が共同出資でつくった会社である。

「工場長、まさか知らんかったんでっか。大将、えらい高う売れた言うて大喜びされてるそうでっせ」

竹鶴は部下の言葉を聞いて、全身の血が逆流する思いであった。

売り上げが伸びないのだから、事業撤退という選択も当然あるだろう。しかし信治郎は、拡張指令を下しながら裏で売却交渉を進め、工場長である竹鶴に一言の相談もなく売り払ってしまったのだ。そのことが許せなかった。

工場の売却価格は三〇〇万円だった。この五年間でさほど物価水準は変わっていない。多少拡張工事に金を使ったかもしれないが、一〇一万円で落札した工場をこの価格で売却できたのだから、みごとな撤退処理である。

経営者は時として冷徹であらねばならない。大きなビジネスにおいて、情報が事前に漏れることは命取りになる。売却しようとしている事業に従事している人間が事業売却に賛成するはずもなく、竹鶴に事前に相談しなかった信治郎の心中もわからぬではない。

しかし竹鶴には耐えられなかった。

（独立しよう！）

もともと契約は十年だ。昭和七年に一度退社を申し入れたときには慰留されていた。スモカと片岡を手放しても、竹鶴は手元に置いておきたかったのだが、信治郎もビール工場売却を竹鶴に相談しなかった段階で、彼の退社もやむを得ないと心のどこかで考えていたはずだ。

こうして昭和九年（一九三四）三月一日、竹鶴は寿屋を去る。

寿屋にいる間に、竹鶴は独自の人脈を築いていた。新しい事業を始めるなら資金を出そうという人が次々に手を挙げ、この年の十月には北海道の余市《よいち》に大日本果汁株式会社を設立する。彼がウイスキーをつくるならここだと考えていた場所であった。

ウイスキー製造を始めることは徹底して伏せた。

後年の宝酒造の例を見るまでもなく、計画が事前に漏れることでライバル会社の妨害にあう例は枚挙にいとまがない。このとき、彼が恐れていたのは寿屋であり、信治郎であったはずだ。一方で、失意のどん底にあった自分を拾ってくれたという恩もある。複雑な思いを抱きながら、ぎりぎりまで隠し通した。

出資者にさえリンゴ汁の生産を主にすると説明し、場合によってはカルヴァドス（リンゴを原料とするフランス原産の蒸留酒）もつくってみたいと付け加える程度だった。地元のリンゴ農家は大喜びだ。敷地内がリンゴで埋めつくされた当時の写真も残されている。

だがリンゴ汁事業は赤字に次ぐ赤字だった。肝心のウイスキーをつくる前に倒産しそうな状況に陥ったが、寿屋を去って二年半が過ぎた昭和十一年秋から、竹鶴はウイスキーの製造を開始する。寿屋から彼を慕ってついてきた者たちも、ようやくはじまったかと腕をまくった。

竹鶴は商品名を、社名の日と果からとって「ニッカウヰスキー」とした。

日本人の味覚を信じ、日本で愛されるウイスキーを目指せば、やがて本場のスコッチ愛飲家をもうならせる〝ジャパニーズ・ウイスキー〟が誕生するはずだとする寿屋（サントリー）に対し、本場スコッチに伍する本格ウイスキーを、この日本の地でつくってみせるとしたニッカ。

市場シェアこそ寿屋の後塵《こうじん》を拝し続けたが、ニッカは根強いファンをつかむことになる。

売れなかった「サントリーウイスキー」には後日談がある。

信治郎は昭和九年一月、ウイスキーの対米輸出をしているのだ。

これはアメリカが禁酒法を廃止したわずか一ヵ月後にあたる。この時期ならアメリカはウイスキーが不足しているに違いないと踏んだのだ。マフィア顔負けの商魂である。

最初に仕込んだ原酒は、しばらくするとまろやかで上質なものになっていった。昭和十二年（一九三七）、この熟成の進んだ原酒をもとにして「角瓶」を発売する。日中戦争が勃発した年のことであった。

いいものを作れば評価はついてくる。やがて「サントリーのウイスキーは旨い」という評判が広がり、売れ行きは伸びていった。昭和に入ったころからカウンターのある本格バーが登場しはじめていたが、「角瓶」はそんなバーの主役となっていく。

と同時に、洋酒売り上げに占める輸入洋酒の割合が、「角瓶」の発売以降、目に見えて減少し、国産洋酒が一〇〇パーセント近くを占めるようになっていく。

信治郎はそれぞれの販売店にも宣伝に力を入れてもらおうと考え、販売店向けに『繁昌《はんじょう》』という雑誌を出した。たとえば『繁昌』第二号には「素人にも容易に出来る立看板の作り方」というコーナーがあり、実際の作成例などが示されている。販売に工夫を凝らそうとする情報交換の場にもなっていた。のちに『発展』と名前を変え、大学を出て間もない開高健という青年が編集を担当することとなる。

会社の成長とともに、信治郎の交友関係も広がっていった。

中でも楽しみにしていたのが「文無し会」だ。松下電器の松下幸之助、江崎グリコの江崎利一、中山製鋼所の中山悦治《なかやまえつじ》、寿工業の常田健次郎《つねだけんじろう》、日本一の帽子会社であった掘抜帽子の掘抜義太郎《ほりぬきぎたろう》といった関西在住の五人の社長たちとつくった会である。一文なしから事業を始めた起業家の集まりという意味で、一、二ヵ月に一度、宗右衛門《そえもん》町《ちょう》の「大和屋《やまとや》」や高麗橋《こうらいばし》の「吉兆《きっちょう》」などに集まって親睦《しんぼく》を深めた。

そして「角瓶」が発売された昭和十二年、信治郎は大阪商工会議所議員に最高点で選ばれている。このとき五十八歳。船場の丁稚となってから四十五年の歳月が経っていた。

信治郎が大阪商工会議所議員に選ばれた年、敬三は浪速高等学校の高等科に進学していた。今で言う大学の教養課程にあたる。身長こそ一七四センチと図抜けて高かったが、佐治邸の書斎で見た佐治家のアルバムの中の彼は、病弱なこともあってか痩せていて、ひ弱な印象さえ受けた。

この年、信治郎は本邸から道路一つ隔てた東側にテニスコートを作っている。テニスコート開きの日には、ともに全日本選手権優勝選手である桑原孝夫（全米オープン四回戦進出）と鵜原謙造《うはらけんぞう》（四大大会全出場）の試合が行われた。相変わらずやることが派手だ。

信治郎がつくったテニスコートのおかげもあって次第に健康を取り戻した敬三は、

遅まきながら青春を謳歌しはじめる。庭球部に所属し、インターハイに出場するまでになった。

佐野正一にインタビューした際、こんな話も聞けた。

「運動会のほかに学校祭というのがありましてね。たしか五月ごろだったと思ったな。あるとき、佐治君が劇をやるって言いだしたんですよ。彼は小林一三さんと関係があるから、いろいろ宝塚歌劇団から（衣装を借りたり）助けてもらってね。出演者はクラス全員です。学生のやるもんですから、あまり上品な芝居ではありません。私なんか乞食の役やらされて……（笑）」

浪速高等学校に近い女学校としては、石橋に宣真《せんしん》女学校があり、豊中には梅花《ばいか》女学校がある。前者は仏教系、後者はキリスト教系で、ともにお堅いお嬢様学校だったが、いくつも恋の花が咲いた。

出席日数が足りず、退学の危機で暗い顔をしていたころとは別人のようになっていた。そんな彼も卒業が近づくにつれ、ふたたび悩みを抱え始める。それは進路の問題であった。

このころは、旧制高校を出ればほぼ無試験に近い形で旧帝大に進学できる。浪速高校の理科乙類は、医学部に進学する者が多かった。

だが敬三のクラスでは、

〈いわばへそ曲がり派がクラスの三分の一を占め、理学部や工学部を目指したものが少なくなかった〉（『へんこつ　なんこつ』）

敬三も〝へそ曲がり派〟で、

「東大農学部に行って浅見《あさみ》与七《よしち》教授の下で栽培植物学を勉強したいねん」

親しい友人の何人かにはそう打ち明けていた。

だが家族には話したことがない。いや話せなかったのだ。父信治郎は長男の吉太郎をとっくに跡取りと決めていたが、敬三にも仕事を手伝ってほしそうにしていた。そんな信治郎が敬三に勧めていたのが大阪帝国大学理学部だった。

信治郎は同じ雲雀丘に住んでいた、当時、有機化学の第一人者であった大阪帝大の小竹無二雄《こたけむにお》教授と親交を持っており、小竹研究室にもしばしば顔を出していた。信治郎は彼の下で有機化学を専攻するよう強く勧めていたのだ。化学は究極の〝混ぜる〟技術である。必ずや寿屋の社業に役立つと直感していたからだ。

敬三の心は揺れた。

日に日に戦時色が強くなっている。浪速高等学校高等科に進学した年（昭和十二年）の七月に起こった盧溝橋《ろこうきょう》事件をきっかけに、日本は日中戦争の泥沼に突入していた。召集されたら生きて帰ってこられる保証はない。思い悩んでいるうち、決断の時が迫ってきた。

そんな昭和十三年（一九三八）四月、浪速高校のクラブ活動で仏教青年会に属していたことから、芝増上寺の大僧正椎尾辨匡《しいおべんきょう》師の主宰《しゅさい》する修養団に参加する機会があった。夜の講話の後、二人きりになる機会を狙い、悩んでいる胸の内を明かして相談したところ、椎尾はこう答えた。

「君の進もうとする道も、それによって広く世の中の役に立ちたいという気持ちもけっして悪くはない。しかし今君のなすべきことは、君にもっとも近い人を満足させることではありませんか」

この言葉で心が決まった。

〈実は誰かがそんな風に解決策を示唆してくれるのを待っていたというのが本心であったかもしれない〉（『へんこつ　なんこつ』）

敬三はのちに、そう語って感謝している。

だが人間というのはあきらめの悪いものだ。

（あのときもし……）

という思いは長く尾を引いた。

父信治郎を亡くした後、開高健と二人でヨーロッパへ傷心旅行に出かけたとき、彼は車窓から外の景色を眺めながら、

「あれはスミレ、これはタンポポ……」

とひとり言のように口にし始めた。

開高が驚いたのは、ひと呼吸置いた後、敬三がその一つ一つについてラテン語の学名を挙げはじめたことである。これには博覧強記《はくらんきょうき》の開高も目を丸くした。

「いつおぼえたんですの？」

とたずねると、敬三は少しはにかんで、

「昔は植物学を専攻しようと思たこともあったんや……」

そう小さくつぶやいたという。

昭和十五年（一九四〇）春、敬三は大阪帝国大学理学部化学科を受験する。定員二〇名のところへ志願者数が二一名。入試があるかないかと一ヵ月ほどやきもきしたが、形ばかりの口頭試問で全員入学と決まった。

小竹教授とのはじめての出会いは、その口頭試問の場であった。全員入学と決まっ

ている気楽さもあってか、小竹はこんな質問をしてきたという。

「なんで頭を丸坊主にしたの?」

このときどう答えたか彼は語らなかったが、わざわざ坊主頭にしていたという事実が興味を引く。仏教青年会の関係からだったのかもしれないが、当時の敬三の悩みの深さをうかがい知ることができるような気がしてならない。

敬三は信治郎の希望どおり、有機化学を専門とする小竹研究室に加わることができた。

小竹はドイツのフライブルク大学に留学していた折、ハインリッヒ・ヴィーラント(Heinrich Otto Wieland) 教授(一九二七年のノーベル化学賞受賞者)に師事した。

そのヴィーラント教授が研究室に顔を出すとき、いつも決まって口にする言葉が、

「Herr Doktor, etwas Neues?」(諸君、何か新しいことはあったかね?)

であった。

「エトヴァス・ノイエス(etwas Neues)」というドイツ語は、英語で言うところの「something new」であり、日本語で言うところの「日に新た」である。学問の世界に二番煎《せん》じはない。先人の積み上げたものの上に、みずからの力で何か新しいものを発見しようとする日々の努力の中から学問の進歩は生まれる。

敬三は、小竹から聞いたこの言葉を生涯胆に銘じ、
〈私もまた〝エトヴァスノイエス〟のない日は、進歩なき懈怠《けたい》の一日と思い定めて、常に革新を目指していきたい〉（『へんこつ　なんこつ』）
という思いを抱き続けた。

一方、寿屋のほうは、吉太郎が社長の後継として着実に力をつけていた。

福利厚生に心を砕き、病気になった社員の療養や慰安の方法を工夫し、〝若大将〟と呼ばれ慕われていた。寿屋では当時、会社で昼食が出た。それがなかなかの御馳走で、社員は楽しみにしていたのだが、いつも吉太郎を囲んで輪ができたという。

〈吉太郎氏をとりまき色々と話し合ったことは何んとも言えぬ家族的な雰囲気で今でも忘れられない事の一つです〉（佐藤喜吉・武長醱酵研究所長『社報』昭和二十八年二月号）

春子と結婚した翌年二月には長女の邦枝が生まれ、昭和十三年一月には長男の信一郎も誕生している。吉太郎の将来は、敬三がまぶしく感じるほど輝いていた。

このままなら敬三の出番はなく、少なくともしばらくは化学の研究に没頭し、すぐれた業績を残せたかもしれなかった。ところがある日を境として、彼の運命の歯車は大きく狂いはじめるのである。

二代目社長を運命づけられたあの日

ジャワ島西部にスカブミという町がある。海抜約六〇〇メートルと標高が高いため、赤道直下だというのに過ごしやすく景色も美しいことから、二十世紀初頭から保養地として開けてきた。

昭和十五年（一九四〇）九月二十八日の夕方、この地の「ホテル・マサナリ」の玄関に一台の車が到着し、中から小柄な初老の日本人が白っぽいスーツ姿で降りてきた。

歩いてホテルに入る間にも、付き添っている秘書に矢継ぎ早に指示を飛ばしている。炯々《けいけい》とした眼光やメモをとる秘書の緊張した顔つきからも、この人物がただものでないことが伝わってくる。

鳥井吉太郎の岳父《がくふ》小林一三であった。

財界を代表して第二次近衛内閣の商工大臣に抜擢《ばってき》され、就任間もない八月三十日から蘭印《らんいん》（現在のインドネシア）を訪問していた。

アメリカはすでに航空機用燃料（オクタン価の高いガソリン）の対日輸出を禁止している。来るべき対日石油全面禁輸措置を控え、ボルネオ油田からの石油供給を確保するべく交渉に来ていたのだ。

戦時色は日増しに濃くなっている。この日は、前日に日独伊三国軍事同盟が発表されたことを受け、朝からバタヴィア総領事館で緊急会議を行っていた。

バタヴィアとは、インドネシアの首都ジャカルタのオランダ植民地時代の名称だ。日本がドイツと手を組むとわかって、宗主国のオランダがブレーキを踏み、石油交渉が白紙に戻るのは確実だ。深い無力感にさいなまれていた。

この二年後に日本軍はジャワ島を占拠し、さらにその二年後の昭和十九年には寿屋がこの島に航空燃料のブタノール工場を作るまでになるのだが、そのようなことを知る由もない。

小林は少し骨休めをして英気を養おうと考え、車で二時間かけて保養地のスカブミを目指したのだ。

乾期だったが、山に入るあたりで珍しくにわか雨があり、下界の蒸し暑さが嘘のように爽快な空気があたりを包み込んだ。六十七歳の老人にとって、でこぼこ道に揺られながらの長時間のドライブはきつかったはずだが、疲れた顔一つ見せない。

「ホテル・マサナリ」は現地としては高級な部類なのだろうが、バンガローと言って差し支えない佇《たたず》まいで、それがむしろ気安く愉快に感じられたと日記に記している。

ロビーにはいるとすぐホテルの支配人が挨拶にきて、歓迎の言葉を伝えるとともに一通の電報を手渡してくれた。花王の創業者である長瀬《ながせ》富郎《とみろう》の三男、二代目富郎からだ。

開けてみると、身に覚えのないお悔やみ電報だった。

〈トリヰクンノシキヨ、ココロヨリオクヤミマウシアケマス〉

そう書かれている。

(鳥井君の死去？)

いやな予感に指先まで冷たくなった。

(ひょっとして吉太郎君のことでは……)

自分の娘が若くして未亡人になったのではないかと思うと、いてもたってもいられない。

(同じ鳥井でも〝信治郎〟であってほしい……)

内心そう祈らざるをえなかった。

吉太郎はこの年の春先から体調を崩し、小林が日本を発つ直前まで鎌倉海濱《かいひん》ホテルで静養していた。政財界の有名人や外国人の利用も多い日本初のサナトリウム（滞在型療養所）だ。

最初は四、五日と言っていたのが、だんだん延び延びになり二週間以上も滞在した。大事をとったこともあるが、なかなか病因が特定できなかったためだ。心臓性喘《ぜん》息《そく》だとわかったのは、入院から相当経ってからのことだった。

信治郎も敬三ものちに心臓病を発病しており、家系的にやや弱いところがあったようだが、この病気はストレスで発症することが多い。信治郎の負託にこたえ、立派な後継者にならねばという心の重圧が、彼の健康を蝕《むしば》んでいったのではないだろうか。

小林が出発する三、四日前には退院して自宅に戻っていたが、それでも小林は吉太郎のことが気がかりでならない。

「吉ちゃんの病気は、どうもただごとならんイヤな心持ちがする。あの人は達者そうでも、どこか弱いところがある」

霊感の強い妻こうが口にした言葉が頭から離れなかった。

（やっぱり吉太郎君なのでは……）

胸騒ぎが止まらない。大事な公務中だということで、自分に知らせないようにして

いるのだろうと考えた彼は、事実を確かめるべく長男の冨佐雄《ふさお》（後の東宝社長）に、

「吉太郎君の病気はその後どうか様子を知らせてくれ」

と電報を打った。

この日の彼の日記には、切々と祈るような思いが綴られている。

〈無事であつてくれると嬉しいが、どうも、ほんとに、死んだものゝやうに思はれて困る。若《も》し死んだものとすれば、春子と二人の小供《こども》は宅《たく》へ引取つて、小供達の大きくなる迄、私が育ててやり度《た》いと思ふ。春子よ、可愛い春子よ、心配しなくてもよい、小供達と共に池田（筆者注：小林の自宅のあった現在の大阪府池田市）へ来て、私達と一緒に暮らせば——。面白く暮らせるやうにしてやり度いと思ふ。お幸《こう》も屹度《きっと》私と同じ考えでゐるだらう〉

小林は寝苦しい夜を過ごした。ベッドが藁《わら》で、小さい虫がときどき身体をはって痒《かゆ》くてたまらないこともあったが、寝られない理由はそれだけではなかったはずだ。

朝の五時半にホテルを出発し、七時四十分にバタヴィア・ホテルに入ったところ、ここで冨佐雄からの返電を受け取った。

さすがの彼も動悸《どうき》が高まるのを抑えきれない。開いてみると果たして予期したとおり、吉太郎は二十三日に急死していた。詳しくは手紙に書いて日蘭丸で郵送するとあ

る。

彼はしばらく目を閉じていたが、やがて周囲に気づかれないように電報をそっと内ポケットに入れると、またもとの〝小林一三〟の顔に戻っていた。

だが、その日書かれた彼の日記には、涙の痕《あと》が紙背《しはい》に透けて見えそうな文章が綴られている。


お父さんはどんなにか力を落したことであらう、春子は泣いてゐるだらう。私の旅行中に急死したことは、何《な》んだか私の身代りに立つたのではないだらうか、といふやうな心持ちがして一入《ひとしお》可愛想に思ふ。

吉太郎夢の如くにうせにけり
　春子可愛や二児《にじ》をいだきて

小林が日本を離れた直後から、吉太郎の病状は再び悪化していたのだ。

春子はもちろんつきっきりで看病にあたり、多忙な仕事や学業の合間を見て、信治郎や敬三と道夫も病院に足を運び、ひたすら回復を祈った。

大阪帝国大学医学部の教授をはじめ、名医と言われる医者に片っ端から診察を依頼し、あらゆる手を尽くしたが、いっこうに良くならない。夜になると喘息の発作を起こした。大きく口を開けて必死に空気を吸い込もうとするが意に任せない。

「ひゅー、ひゅー」

と咽喉《のど》が音をたて、首を絞められているような苦しみ方をする。見る間にこめかみにぜんまいのような静脈が浮き出てきて、顔が真っ青になる。見ていられなかった。

そうした発作を何度も繰り返しながら衰弱していき、ついに危篤《きとく》状態におちいってしまう。

「しっかりせえ！　吉太郎！」

信治郎はのどから血が出るほどに彼の名を叫んだ。

しかし薬石効《やくせきこう》なく、最後は心筋梗塞《こうそく》を引き起こし、九月二十三日、無情にも鼓動が止まった。病み疲れた死に顔が涙を誘う。わずか三十一歳の若さであった。

「日本の医学はどうなっとるんや！　なっとらんやないか！」

信治郎はしきりに怒っていた。誰にぶつけていいかわからぬ憤りを、彼は医学界全体に向けていた。

春子は小林の危惧したとおり若くして未亡人となってしまったわけだが、父親に似て芯の強い女性だった。鳥井の家に残って再婚せず、一男一女を立派に育て上げた。

彼女の息子信一郎は、やがてサントリーの三代目社長となる。そして春子は平成二十二年（二〇一〇）十月一日、九十九年の人生を全うした。

兄吉太郎が帰らぬ人となった昭和十五年九月二十三日は、敬三が寿屋の後継者になることを運命づけられた日であった。学問の世界に進むことは、もうきっぱりあきらめざるをえない。

彼は辛いことをじっと内に秘めて耐えるタイプである。母クニに続いての肉親の死は計り知れない衝撃であったはずだが、佐野正一によれば、兄の死を級友の誰にも話さなかったという。

九月二十九日、大阪四天王寺において盛大な葬儀が営まれた。

読経の声が流れる葬式の場でも、敬三は複雑な表情を浮かべていた。やさしかった兄を偲《しの》び、感謝するべきこのときに、自分の不幸を感じている自分がたまらなくいやであった。

親戚や取引先の人たちはみな、

「このたびはご愁傷様《しゅうしょうさま》でした」

という言葉の次に、

「これからは敬三さんにしっかり頑張ってもらわんと」

と決まり文句のように付け加えていく。

勇気づけるつもりなのだろうが、まったくの逆効果だ。

「運のないもんに仕事やらしたらいけまへん」

敬三は信治郎の口癖を思いだしていた。

(こんなぼくに運があると言えるんか？　不運ばっかりついて回ってくるやないか)

またもや彼は抗《あらが》いようのない運命によって、大きく翻弄されようとしていた。

人は誰も自分の思うような未来など歩めない。自分の夢と現実の間で折り合いをつけながら生きていくしかないのだ。

「とにかく人生は面白くなければダメだ！」

敬三は後年よく色紙にこう書いたが、若いころの彼には人生を楽しんでやろうと考える心の余裕などなかった。

鳥井家の不幸はこれだけで終わらなかった。

信治郎の兄喜蔵も、この年の十一月十五日、帰らぬ人となるのである。享年七十二。

喜蔵と信治郎は互いを「ことぶきや」「本家」と呼び、仲の良さは周囲がうらやむほどであった。

正月には必ず二人で大阪市内の主要な神社を回り、四天王寺にある鳥井本家の墓の前に、三方《さんぼう》の上に置いた飾り餅を供えた。一時自動車販売会社を経営していたほど車好きだった喜蔵は、「赤玉ポートワイン」の宣伝用にと、まだ珍しかったオープンカーを買い、二人一緒に大阪じゅうを乗りまわした。

喜蔵が若き日の信治郎の放蕩《ほうとう》の尻ぬぐいをしてくれたことさえある。いろいろな意味で、喜蔵は信治郎を支え続けてくれたのだ。たて続けの大きな不幸に、信治郎の落胆ぶりは痛々しいほどであった。

信治郎は吉太郎のために比叡山延暦寺に供養塔を建て、鳥井本家の墓がある四天王寺とは別に、家に近い中山寺境内に鳥井家の墓所を定め、鳥井家先祖代々、クニ、そして吉太郎の五輪塔を建てた。

落ちこんでばかりもいられない。彼には社員を養う責任がある。

信治郎は昭和十五年十一月、「サントリーオールド」を発売することを発表した。「角瓶」の上をいく高級品で、より熟成感のある自信作だった。

しかし昭和十三年（一九三八）の国家総動員法発令以降、自由な経済活動が制限されている。砂糖やマッチは切符制になり、やがて米、味噌、醬油などは配給制となって、購入可能な上限が決められていく。「ぜいたくは敵だ！」というポスターがいたるところに貼られる中、贅沢品の極みであるウイスキーが売れるはずがない。結局、「サントリーオールド」は世に出せないままに終わった。

戦時色は日に日に強まっていく。日米開戦は昭和十六年の冬、十二月八日のことである。敬三はそのニュースを家を出る直前にラジオで聴いた。思わず武者ぶるいがした。

これまで旧制大学は三年の課程だったが、戦時下であるため二年半に短縮され、卒業研究を早々と二年の正月から始めることになった。

当時の小竹教室は、大きな〝エトヴァス・ノイエス〟に手が届くところまできていた。

アミノ酸の一種であるトリプトファンからナイアシン（ビタミンB_3）を生合成《せいごうせい》する際の代謝中間体《たいしゃちゅうかんたい》キヌレニンの構造式の解明に挑んでいたのである。この研究はビタミンやフェロモンといった微量生体活性物質の分野において重要な意義を持つものであった。

だが、敬三が学問の世界を味わえたのはわずかの時間でしかなかった。

昭和十七年（一九四二）九月、早々に海軍技術見習尉官に採用するという海軍省人事局長名の書面が届く。陸軍の召集令状（赤紙）とは違う。海軍の技術科士官となるべき大学、高専の理工科出身者を対象に、軍務に服する期間を二年に限って採用するもので、給料も支払われる。見習いとはいえ、いきなり士官に任官できる特例制度で、この年から海軍に創設されたものであった。

入隊式の前夜、信治郎が東京築地《つきじ》の料亭「宮川」で送別の宴を開いてくれた。

このころの青年はみな、自分の人生はここまでかもしれないという一種の諦観《ていかん》を持っている。しかし敬三には悔いがあった。自分の思うような人生を歩めたという満足感からはほど遠い。苦い思いを抑えようとすると、身体は自然とアルコールを欲した。

彼は洋酒屋の息子にしては、さほど酒に強くない。そのうち着ていたものを脱ぎ始め、最後には真っ裸になって酔いつぶれた。もともと気管の弱い彼はこのとき風邪をひいてしまう。

入隊後、中国山東省の青島《チンタオ》で三ヵ月間の訓練がある。ところが輸送船箱根丸で二日間波に揺られている間に風邪はさらに悪化。青島に着いたとたん、入院する羽目となった。

ほかの訓練生はすぐ家に手紙を書くことが許されたが、入院中の彼に手紙を書く余裕などない。一緒に入隊した友人の実家には手紙が届いているのに、敬三からは便りがないというので信治郎は心配し、憔悴《しょうすい》した様子は、はた目にも哀れなほどであったという。

退院後、ようやくほかの訓練生との合流を許され、厳しく鍛えられた。カナヅチである敬三は水泳訓練がないか心配していたが、水泳シーズンでなかったのは幸いであった。

訓練を終えて帰国すると中尉に任官し、神奈川県大船の第一海軍燃料廠《しょう》に配属となった。燃料生産という重要な任務をになう海軍の軍需工場である。

大船での勤務中、ジフテリアが流行して敬三を含む多くのものが入院する騒ぎがあった。腸チフスのような経口《けいこう》感染でなく飛沫《ひまつ》感染だから隔離するほかない。

このとき信治郎がわざわざ見舞いに来てくれた。

伝染病にかかっているのだから当然面会はできない。隔離病棟の金網の外で、何やら大声で叫びながら必死に手を振っている父親の姿を見つけたときの驚きといったらなかった。距離があるため、何を言っているのかいっこうに聞き取れない。

「おい、あれは誰だ？」

ほかの入院患者もみな一斉に信治郎のほうを見はじめた。顔から火が出るほど恥ずかしかったが、一方で親のありがたさに目頭を熱くした。

京都帝国大学経済学部に進んでいた四歳下の道夫もまた、いわゆる学徒出陣の第一陣として学業の途中だった昭和十八年（一九四三）十月に召集され、海軍予備学生として軍務に服することとなり、翌年には南方の戦地に送られることが決まった。

弟の出発を敬三は小田原駅頭で見送った。軍隊というところは理系には甘いが文系には厳しい。おそらく道夫は戦況の悪化している激戦地に送られることだろう。ふたたび生きては会えまい。そう覚悟していた。

汽笛がぽーっと長く音を引き、いよいよ輸送列車が動き出そうとするとき、道夫は車両に乗り込み、窓から敬礼をした。その顔をじっと敬三は見つめている。

（もう一度降りてこい）

道夫には、敬三がそう言っているように見えたという。

ジャガイモを麻袋に入れるように人を押し込んだ列車である。いったん乗り込むと降りるのは大変なのだが、それでも人をかき分けかき分け、もう一度プラットフォームに降りてくると、発車までの一分にも満たない時間を惜しみながら最後の別れをした。

道夫たちの部隊は当初、フィリピンのミンダナオ島にあるダバオを目指す予定だったが、空路が断たれたために南九州の海軍基地にとどめ置かれ、そのままそこで終戦を迎えた。ダバオは日本兵四万人のうち二万五〇〇〇人の死者を出した激戦の地だ。もし海を渡っていたら敬三が心配したとおり、小田原駅が今生《こんじょう》の別れになっていたかもしれなかった。

敬三の予感は当たっていたが、道夫の強運がそれを上回ったのである。


佐治くにが亡くなった三ヵ月後の昭和十九年（一九四四）十二月、二十五歳になっていた敬三は、平賀譲《ひらがゆずる》の三女好子《よしこ》と結婚する。

平賀は海軍技術中将として戦艦陸奥《むつ》・長門《ながと》の設計にも携わった海軍建艦の第一人者だ。その学識を買われて東京帝国大学総長に就任し、在任中に死没。男爵、旭日大綬章を授与され、彼の脳は〝傑出人の脳〟として今も東大医学部に標本として残されている。

好子の姉道子が西宮の大手酒造メーカーである白鹿《はくしか》酒造社長辰馬力《たつうまちから》の弟辰馬俊夫に

嫁いでおり、ここからもたらされた縁談だった。

すでにこの前年、平賀はこの世を去っていたが、死の床での最後の言葉が、

「ウイスキーを嗅《か》ぎたい」

であったというほどのウイスキー好きだったから、末娘として可愛がっていた好子が寿屋の次男に嫁いだことを、あの世から喜んでいたに違いない。

あまりの頑固さに、

「あの人は平賀譲《ゆずる》ではなくて〝譲《ゆず》らず〟だ!」

と評された平賀の血は、鳥井家の血とほどよくブレンドされ、あるいは信治郎の血との相乗効果を生みながら、孫の佐治信忠へと受け継がれていくこととなる。

鎌倉に新居を構え、大船へと通う毎日が始まった。

すでにこの年の七月にサイパンが陥落しており、敗色は濃い。もし戦地に送られれば好子を戦争未亡人にしてしまう可能性もあったわけだが、実際にはそうはならなかった。そのかわり、もっと違った形での悲劇が彼を待っているのである。

石油精製をしようにも精製する石油が底をついており、いつしか彼の任務は松根油《しょうこんゆ》の抽出《ちゅうしゅつ》に変わっていた。古い松の切り株を掘り出し、細かく刻んで乾留《かんりゅう》し、水分と一緒に出てくる油を分離して集め、精製して航空機用燃料にしようというのだ。

第一海軍燃料廠に臨時松根油増産推進本部がおかれ、大尉に昇進していた敬三は埼玉県の連絡官を命じられ、今度は浦和事務所に通うこととなった。

原料の松の根は古いものほど抽出効率がよいというので、名松《めいしょう》の多くが伐採された。埼玉では熊谷から秩父一帯にかけて古い松が多いと聞き、自転車に乗って遠方まで出向き、山中に踏み入った。

すでに戦争末期で国内はないないづくし、金属類は家庭の鍋釜に至るまで供出させられている。抽出装置は何とか土管や甕《かめ》を使って組み立てたが、松の根を掘るためのつるはしやスコップはもとより、採れた松根油を入れるドラム缶の数が足りないのには閉口した。

人手も足りない。農家は食糧の増産に必死だから、ほかの仕事に回す余力などない。健康な男性はほとんどが召集され、働き手は女性と老人しか残っていないのだから無理もなかった。

空襲がはじまると鉄道が寸断され、鎌倉から浦和への通勤もひと苦労だ。おまけに自転車で走り回ることが多かったために痔《じ》を悪化させ、歩行もままならない状態になる。

彼の補佐官だった伴衛《ばんまもる》（のちの丸善石油常務）によれば、それでも彼は〈風流を愛

父信治郎と、海軍の軍服姿の敬三

し、ユーモアを忘れず、部下には思いやりの深い上官であった〉（『佐治敬三追想録』）という。

息子二人が軍務についていることもあって、信治郎は一緒に戦っているつもりだった。国民服に戦闘帽をかぶり、脚にはゲートルを巻いて、〝尽忠報国〟を説きながら各工場を督励して歩いた。

昭和十七年（一九四二）十二月二十二日、彼は大阪工場において次のような熱弁をふるっている。

「私はみなさんにお願いしたいのであります。精神力のこもった弾丸、すなわち酒をつくってもらいたいのであります。それにはみなさんが物資を大切にし、精神力を込めて、この酒を飲む人に幸いあれかしと祈りつつ一所懸命に働いてもらいたいのであります！」

戦時下では、戦争協力のため本業と違うものの生産を命じられることも多かった。松下幸之助の経営する松下電器（現在のパナソニック）では、なんと飛行機や輸送船まで作らされている。寿屋も同様で、昭和十八年（一九四三）六月、那覇市郊外に航空燃料となるブタノールやエタノールを製造する工場を完成させた。材料や燃料の安定供給や製品の買い取りは軍から保証されていたものの、施設建設の負担は相当なものである。

翌昭和十九年一月、前述したようにインドネシアのジャワ島スラバヤにも同様の工場を建設している。大阪工場は海軍指定工場となり、ここでもブタノールが製造されるようになった。

一方で海軍は、ウイスキーを大量発注してくれた。もともと英国海軍を範としていたからウイスキー好きが多かったし、アルコールは士気を鼓舞する。一般向け需要が激減していただけに干天《かんてん》の慈雨《じう》であった。「イカリ印」という海軍らしいネーミングの特製ウイスキーを製造して納入した。入手困難となりつつあった大麦の調達も彼らが便宜を図ってくれ、戦時下でもウイスキーづくりを続けることができた。

(うちの工場には、爆弾なんか落ちるはずあらへん)

日ごろから信心深かった信治郎は、そう固く信じて疑わなかったが、実際に空襲が始まってみると、昭和二十年(一九四五)三月十三日深夜の第一回大阪大空襲で、住吉町の本社社屋が早くも全焼する。

大阪工場も六月一日午前中の第二回大阪大空襲によって設備の大半が焼失してしまった。

信治郎は消火活動に獅子奮迅《ししふんじん》の働きをしたが、顔面と両手にひどいやけどを負って大阪病院に運びこまれる。包帯でぐるぐる巻きにされ、帰宅できたのはようやく夕方六時ごろのことであった。

見舞いにかけつけてくれた小林一三に、

「あの工場が焼けたら一万トンの燃料ができなくなりますねん。飛行機が飛ぶか心配です」

と、この国の勝敗の鍵は自分が握っているかのように顔を真っ赤にしながらまくしたてた。

〈大分こうふんして居られるから心配だ〉

小林はそう日記に記している。

その後もしばらくは、やけどからくる発熱のため病臥《びょうが》を余儀なくされたが、このような非常時に床にふせっていることは、彼にとって耐えがたいことである。少し熱が下がるとすぐ自動車で出社すると言いだし、周囲になだめられる一幕もあった。

何とか山崎蒸溜所のモルト原酒だけでも守り抜きたい。

防空壕を掘ってウイスキー貯蔵樽と大麦を運び入れ、その上を竹や草木でおおい隠し、

「神さん仏さん、今度こそ守っとくれやす！」

と手を合わせた。

神も仏もあるものか

昭和二十年（一九四五）八月十五日、敬三は終戦の詔勅を鎌倉の自宅で聞いた。

数日前から、広島・長崎に落とされた新型爆弾は原子爆弾らしいという情報がもたらされており、化学者の敬三にはその威力がよくわかるだけに、敗戦そのものにさほどの驚きはなかった。

結局、敬三の努力はまったくの徒労《とろう》に終わる。全国で抽出された松根油は二〇万キロリットル（ドラム缶一〇〇万本分）にも及んだが、それを精製するための工場が爆撃などで壊滅してしまったため、松根油で飛んだ飛行機は一機もなかったのだ。歯がゆく、腹立たしく、悔しかった。

将校は全員捕虜となり、ニューギニアに送られるだろうという噂が流れ、ひそかに覚悟を決めていたが、終戦の翌月には軍務を解かれ、大阪に戻ることができた。

大阪工場の跡地に立つと、東の方角に見えるはずのない大阪城の天守閣が遠望できる。一面の焦土と化した無残な姿に言葉もない。何はさておき小竹教授の研究室に顔を出したが、結局、研究室に戻ることなく、寿屋の仕事を手伝いはじめる。

敗戦時の寿屋は、みるも無残な状態だった。国内の多くの施設が灰燼《かいじん》に帰し、海外の工場は資産凍結となり、従業員のあるものは戦死し、あるものはほかの仕事を探して寿屋を去っていき、自慢の宣伝部も人がいなくなった。残ったのは膨大な借金の山である。

だが信治郎はくじけなかった。

「まだわてらには山崎があるやないか！」

山崎蒸溜所は、空襲を受けず無傷で残っていた。信治郎はこの苦境にあって、一度地獄を見せられたウイスキーに再び夢を託すのである。

八月三十日、マッカーサーが厚木基地に降り立ち、九月二十七日、大阪にもGHQが進駐してきた。B29の撒《ま》いた機雷によって大阪湾の船舶の航行が不能になっていたため、彼らはわざわざ和歌山から陸路を北上してきた。

アメリカ人にとってウイスキーは必需品だ。彼らは寿屋のウイスキーを狙ってきた。だがやがて人々は、むしろ信治郎のほうが彼らを狙っていたことを知る。

信治郎は先手必勝とばかりに、自分からGHQ将校の宿舎となっていた中之島の新大阪ホテル（現在のリーガロイヤルホテル）に乗りこんでいって担当者と面談し、ウイスキーの取引をはじめたのだ。

戦争には負けたかもしれないが、商売で負ける気はしない。信治郎の交渉は巧妙で、この上ない好条件で契約を締結することができた。

こうしてGHQ向けに作った「サントリーウイスキー レアオールド」の納入が開始される。神奈川の厚木基地から軍用機で担当官が伊丹《いたみ》まで飛んできて、そこからトラックで山崎までとりにきた。

「レアオールド」は将校にしか割り当てられなかった。GIと呼ばれる一般米兵の中にはひどいのもいて、北区堂島浜の寿屋本社へ乗りこんできてピストルをつきつけ、強奪していく輩《やから》まで現れた。

これはまずいと思ったGHQは、GI向けにもウイスキーをつくってほしいと依頼してくる。

「お安い御用や！」

信治郎は胸を叩いて「ブルーリボン」という銘柄を大量につくった。日本人相手なら良心の呵責《かしゃく》もあるが、GHQ相手では容赦ない。混ぜものをたんまりぶち込んだ、とんでもないイミテーションの安酒だった。

信治郎のお得意は、サトウキビの搾《しぼ》りかすである輸入廃糖蜜《はいとうみつ》を発酵させて蒸留し、醸造用アルコールをつくることである。ところが注文に生産が追い付かない。主因は材料不足だった。こうなったらデンプン質のものなら何でもいいと、一時は彼岸花《ひがんばな》の球根まで集めた。

こうして造った醸造用アルコールは今で言うスピリッツと言えなくもないが、実態は質の悪い焼酎と変わらない。山崎蒸溜所で寝かしたとっておきのモルトウイスキーは最小限にし、この廃糖蜜由来の醸造用アルコールを最大限に利用した。

寿屋のように、終戦直後も商売を上手に続けられた会社は少ない。「文無し会」の仲間である松下幸之助などは塗炭《とたん》の苦しみにあえいでいた。

戦時中の戦争協力なら寿屋もしていたが、飛行機などを生産していた松下電器は規模が大きく目立った。そのためGHQに目をつけられ、財閥指定、公職追放などの厳しい措置が下っていたのである。この当時、松下家の冷蔵庫を開いた社員が、サツマイモの蔓《つる》しか入っていないのに驚いたという逸話が残っている。

「この近所の神社の森の中で、松下はんは首を吊ろうとしたんですわ。それを宮司が見つけはって、あわてて止めたんです。そやからここの神社には、松下はんの寄付された立派なお茶室がおまっしゃろ。このあたりではみんな知ってることです」

ある関西の経営者の集まりで、筆者はそんな話を聞いたことがある。こうした噂が信憑性《しんぴょうせい》を持つほど、戦後すぐの松下幸之助は苦境に立たされていたのである。

「鳥井はん、GHQににらまれてうちの家計は火の車なんですわ。あつかましいようやけど二、三万貸してくれへんやろか？」

ある日、松下は切羽詰まった様子で頼んできた。

金を借りるというのは、親兄弟でも言いだしにくいものである。まして、とても返せそうにないどん底の松下に、いくら親しいからと言って金を貸そうというモノ好きはそうはいなかったはずだ。

ところがこのとき、信治郎は、

「なに水くさいこと言うてはんねん！」

と一笑すると、申し出よりずっと多い一〇万円もの金を貸した（『世界週報』昭和三十九年新年特大号）。

総理大臣の月給が三〇〇〇円だった時代、一〇万円は今の七〇〇〇万円にも相当するだろう。気楽に貸せる額ではない。だが、このときもし信治郎が救いの手を差し伸べていなかったら、松下電器産業は戦後日本の経済成長神話の象徴となることもなく、焦土の中に消え去っていただろう。

松下は信治郎からもらったこの恩を、生涯胸に刻んで忘れなかった。

時は流れて、信治郎の死後十九年が経った昭和五十六年(一九八一)二月一日のこと、サントリー大阪プラント(現在の大阪工場)で鳥井信治郎の銅像の除幕式が行われた。その際、来賓《らいひん》代表として祝辞を述べてくれたのが、八十六歳になっていた松下幸之助であった。

声帯の老化で声が出にくくなっていたが、彼は噛みしめるように言葉を選びながら、銅像の主との思い出話を語りはじめた。

「私が初めて鳥井信治郎さんをお見受けしたのは……今からちょうど七十三年ほど前のことであります。その時分、私は大阪船場の五代という自転車店で……丁稚奉公をしておりました」

想像もつかない二人の長い交友の歴史が深い感動を呼び、会場は水を打ったような静けさとなった。

そんななか、誰よりも彼の言葉を背筋の伸びる思いで聞いていたのが、サントリー社長となっていた敬三である。父親への敬慕の念と松下への感謝の思いが入り混じって胸の奥が酸っぱくなり、こみ上げてくる涙を何度もハンカチでぬぐった。

ＧＨＱの兵士たちはウイスキーが飲めても、日本の庶民はウイスキーどころか毎日の食事にも事欠くありさまである。

政府の統制物資は底をつき、配給もままならない。国民の不満は頂点に達し、「米よこせデモ」が皇居にまで押し寄せる事態となると、ついに吉田茂首相は「食糧非常時宣言」を出し、ＧＨＱに食糧援助を要請する。

吉田首相にとっての最大の政治課題は、国民の間から餓死者を出さないことだった。憲政史上、そのような首相など後にも先にも彼一人である。当時のわが国の置かれた状況は、賞味期限切れの食品を平気で捨てられる、現代のわれわれの想像の外にある。

厚生省（現在の厚生労働省）発表の『国民栄養の現状』（昭和二十二年版）によれば、昭和二十一年五月の都市部における一人当たり一日摂取カロリーはわずか一五一五カロリーで、そのうち配給で得られるのは一一九七カロリーでしかなかった。

闇米を扱って検挙された人間を裁いていた東京区裁判所の判事・山口良忠《よしただ》が、自分が法律を破るわけにはいかないと配給物資しか口にせず、ついに栄養失調で死ぬという悲劇も起きた。

国際連合食糧農業機関(FAO)が二〇一一年に発表した統計をみると、食糧不足が深刻な社会問題となっている北朝鮮でさえ一六八位で二〇八一カロリー、世界の最貧国とされているアフリカ北東部のエリトリアが一七六位の一五九八カロリーとなっている。当時の日本は、今の地球上のどの国よりも貧しかったのだ。

深刻な食糧不足のなか、人々は生きるために不要なものを売って金に換え、食糧調達に動き出した。やがて焼跡を不法占拠してバラックが並び、自然発生的に闇市ができあがっていく。

それはまさに巨大な〝闇〟であった。非合法な世界だから、何でもあり。食べたり飲んだりしたものが原因で、客が翌日死んでいようと知ったことではない。

「おばちゃんおくれ!」

と金を持ってきたら、小学生だと一目瞭然の悪ガキにも、

「はいよ!」

と酒を飲ませる。

煙草も売れば覚醒剤も売る。日本人の高い倫理観も、飢餓の恐怖の前にはひとたまりもない。焼け焦げたにおいと糞尿《ふんにょう》のにおいがいりまじった空気を鼻腔《びこう》から吸い込めば、目の前の荒涼とした風景がいやおうなく心の中にまで広がっていった。

このころの敬三は、信治郎のように、

「とにかく儲けんと何も始まらんやないか！」

という分かりやすい船場商人の思考とはいささか異なる青臭さがある。

〝尽忠報国〟を口にしていた舌の根も乾かぬうち、ＧＨＱにウイスキーを売りこんで巨利を稼いでいることに、内心、激しい嫌悪感を覚えていた。

開高は『サントリー七十年史』の中で、このころの敬三の鬱屈《うっくつ》した様子をこう書いている。

〈復員してからは秀才らしからぬ姿態で、家でごろっちゃらとしていた。おやじがつぎからつぎへとつれこむ米軍将校の接待はしていたものの、怏々《おうおう》として楽しまぬところあり、宴果てると、すぐさま部屋にこもって、ごろっちゃらとひっくりかえる。そういう日常を繰りかえしていた〉

この描写はなかなか的を射ていたようで、当の本人が自伝『へんこつ　なんこつ』の中で、

〈昭和二十年十月、私は寿屋に入社した。この頃の佐治敬三行状記は、『やってみなはれ　みとくんなはれ』と題した弊社の七十年社史の開高健の文章に詳しい〉

として、先の文章を転載しているほどである。

そんな〝ごろっちゃら〟としながら鬱々とした毎日を過ごしていた敬三にとって、唯一と言っていい明るい話題が好子の妊娠であった。日に日に大きくなっていく彼女の腹をながめながら、新しい家族の誕生を心待ちにしていた。

そして昭和二十年（一九四五）十一月二十五日、待ちに待った子供が生まれる。男の子だった。のちのサントリー四代目社長佐治信忠である。

敬三は喜びを爆発させたが、幸福感も束の間、好子は産後の肥だちが悪く、高熱を発して苦しみ出す。分娩時にできた傷から細菌が入りこむ産褥熱《さんじょくねつ》、致死率の高い恐ろしい病気だ。

子宮が収縮して下腹部が疼《うず》く。尿路に鋭い痛みが走る。悪露《おろ》が出て悪臭に包まれ、気がふさいで鬱状態におちいる。身体がみるまにやせ細っていき、日に日に衰弱していった。

そして、お産から一ヵ月も経たない十二月九日、彼女は容赦ない力で、敬三の手の届かない世界へと連れ去られてしまうのだ。二十一歳という若さであった。

顔に白い布がかかっている若妻の枕元で、敬三は大きな身体をよじるようにして泣いた。激しい慟哭《どうこく》が堰《せき》を切ったような奔流《ほんりゅう》となって喉《のど》から迸《ほとばし》った。眼鏡などしておれない。大きなこぶしで何度も涙をぬぐった。

何も知らずあどけない寝顔を見せる信忠が、兄嫁春子の腕に抱かれている。何と不《ふ》憫《びん》なわが子だろう。母親の乳も飲めず、ぬくもりを知らずに育つことになる。そう思うと、新たな涙がとめどなくあふれてきた。

当日通夜、翌日には告別式が行われたが、ほとんど放心状態であった。母クニ、兄吉太郎、そして今度は好子。あまりにも簡単に命が失われていく。

（神も仏もあるものか……）

敬三はぎゅっと唇をかみしめながら、おのれの運命を呪った。

浪速高校時代、仏教青年会に入って頭を丸め、修養団活動に参加するほど宗教心のあった彼が、後年は無宗教を公言してはばからなくなる。それはその後の彼の人生が、宗教への信頼感をなくしてしまうほど苛酷なものだったからにほかあるまい。

好子を失った痛みもあって自暴自棄になりつつあった彼は、信治郎への反発を妙な形で発散しはじめる。昭和二十一年（一九四六）十一月、彼は同世代の若い主婦向けの科学雑誌『ホームサイエンス』を刊行するのである。本文五四ページ、週刊誌サイズの雑誌であった。

第一号の表紙は、当代一流の画家である小磯良平が描く台所仕事をする女性の絵が飾り、中谷宇吉郎や恩師小竹無二雄といった一流の学者が文章を寄せ、『夫婦善哉《めおとぜんざい》』で知られる大阪を代表する作家織田作之助《おださくのすけ》まで登場している。アメリカで働く女性の写真が掲載され、新しい生活文化を先取りして、この国の未来はこうあるべきだと指し示す啓蒙誌であった。

みずから編集長を買って出た敬三は編集後記の中で、

〈新生日本の前進に一役を担うべく営利を目的とせず、目標に邁進《まいしん》する覚悟である。刮目《かつもく》して本誌の前途に御期待を乞う〉

と大見得を切った。

ところがさっぱり売れない。

そもそも内容が固すぎた。「アルミニウムの解説」「元素存在の予言」といったまるで化学の教科書のような企画が並び、少し肩の力を抜いて読めるものと言っても「住みよい小住宅の模範設計集」「美容体操」といった読み物で、マンガまで「デモクラシーちゃん」なのだ。

おまけに値段が高い。『週刊朝日』が一円なのに『ホームサイエンス』創刊号は五円もした。食べるのがやっとの時代に、一家の台所をになう主婦がこの雑誌を買うのは難しかったはずだ。このころの敬三が、いかに〝大衆〟心理と遊離していたのかがわかって、かえって興味深い。

〝営利を目的とせず〟という宣言どおりと言えばそうなのだが、赤字が続いた。信治郎への恩返しとして、復活していた松下電器が裏表紙に全面広告を出してくれたが、それくらいでは追い付かない。

ひょっとしたら亡き好子への思慕の念から、若い主婦向け雑誌をはじめたのかもしれないという忖度《そんたく》も働いて、最初は見て見ぬふりをしていた信治郎の堪忍袋《かんにんぶくろ》の緒が切れた。

「うちはウイスキー屋でっせ、出版社やおまへんで！」

「これはええ雑誌です！」

「あきまへん！」

それでも意地になって出版を続けていたが、そんな彼に引導を渡したのが小林一三であった。文筆家としても知られていた小林は、同誌上で「新女大学」という随筆を連載していたが、創刊時からずっと赤字だと聞き、

「敬三君、それならやめたほうがいい」

と忠告した。彼は重ねてこう言った。

「売れないのは君、社会が求めていないからだよ。啓蒙だろうが何だろうが、事業として失敗だ。即刻やめたまえ」

それだけでは、この頑固な男には不十分かもしれないと思ったのだろう、最後にこう言って突き放した。

「利益が出なければ事業とは言えん。遊びですよ！　道楽ですよ！」

小林はもともと関東の人間であり言葉は大阪弁ではない。おまけに飾ることをしない物言いで知られていただけに言葉は直截的《ちょくせつてき》である。「道楽だ！」とまで言われ、さすがに目が覚めた。

GHQ相手に無体な商売をする父親のように、日本がふたたび立ち上がるためには、GHQを利用してでも這い上がっていかねばならない。儲けていかなければ何も始まらないのだ。

青臭い気取った感傷と自己満足に浸っていたみずからを恥じ、敬三は『ホームサイエンス』を八号で廃刊することに決めた。

「そうか……小林はんがそう言いはったか」

委細を聞いて信治郎は心底ほっとした表情を見せ、心から小林に感謝した。

（「ソーライス」やないとあかんかったんやな……）

敬三は、関西人なら知らぬもののいない、小林にまつわる「ソーライス」の逸話を思いだしていた。

小林一三はターミナルデパートという集客装置を発案したことでも知られている。その阪急百貨店の名物が大食堂だった。人気メニューはカレーライス。そのカレーライスにかけてもらうため、卓上にはウスターソースが置かれていた。すするとライスだけを注文し、それにソースをかけて食べる客が出てきた。それが誰《だれ》言うとなく「ソーライス」と呼ばれるようになっていったのである。〝ソース・ライス〟の略であった。

食堂側からすれば迷惑な話だ。わずか五銭のライスだけでは儲けなど出ない。ところが小林は、こうした客も歓迎するよう命じたのだ。

「確かに彼らは今は貧乏だ。しかしやがて結婚して子供が生まれる。そのときここで楽しく食事をしたことを思い出し、家族を連れてまた来てくれるだろう」

そして、

〈ライスだけのお客様歓迎します〉

という紙を食堂の入口に貼らせたのみならず、何と新聞広告に「当店はライスだけのお客さまを喜んで歓迎いたします」という言葉を入れさせた。

小林は現場視察を兼ねてしばしば大食堂にボーイの制服姿で現れ、みずから福神漬《ふくじんづけ》の瓶《びん》を持ってお客によそって回った。そういうとき、ライスだけのお客には、特に福神漬の盛りを多くしたという。

不景気だった当時、一般的な家庭であっても、このソーライスに救われた人は多かった。彼らは小林の言葉どおり、阪急のファンになっていった。

確かに小林は「利益が出なければ事業とは言えん」と敬三に言った。しかし矛盾するようだが、彼は同時に、今の利益だけでなく将来の利益まで視野に入れながら商売していた。そして〝大衆〟こそ、そうした儲けの源なのだということを誰よりもわかっていた。

小林は、春子の夫吉太郎が寿屋の未来を託した男に、そのことをしっかりわかってほしかったのである。

敬三は小林の期待にこたえ、視線を〝大衆〟に向けるようになっていく。そして力を入れはじめたのが、〝安いウイスキー〟を市場に供給していくことであった。

閉塞感のあるこの時代、酒でも呷《あお》らないことにはやっていけなかったが、アルコールの絶対量が不足していた。闇市には悪酒が出回っている。まずい酒ならまだしも、命を落とすかもしれない代物《しろもの》も売られていた。有機溶媒《ゆうきようばい》などに用いられる劇物のメチルアルコールを水で割った「バクダン」と呼ばれる酒がそれだ。

メチルアルコールは少量でも失明する場合があり、中毒になれば死に至る。メチルアルコール中毒による死亡者は、昭和二十一年には一八〇〇人を超えた。統計に出ている数字だけでこれだから、死因の特定できないケースも含めるともっと多かったはずだ。

ちなみに「サントリーホワイト」（一級）一瓶の値段は、昭和二十年に二八円、昭和二十一年一月三三円、同年三月四四円、同年九月七三円、昭和二十二年二月八八円、同年四月二二四円、同年八月二六五円、同年十二月七三五円と恐るべき勢いで跳ね上がっている（週刊朝日編『値段の明治大正昭和風俗史 上』資料提供サントリーウイスキー博物館）。

昭和二十一年三月の白米一〇キロの小売価格は一九円五〇銭だった。今の白米一〇キロの価格を五〇〇〇円とすれば「サントリーホワイト」は一万二〇〇〇円強だったことになるが、白米の価値が今より高かったことを考えると、それ以上だろう。おいそれと手の出る値段ではない。

安いウイスキーをつくる意義はきわめて大きかったはずだ。だが、ことは簡単な話ではなかった。本場ものとかけ離れた安価なウイスキーを出せば、「サントリーウイスキー」が苦しみながら確立した高級なブランドイメージを損なう恐れがあるからだ。

考えついたのが、以前に一度売り出したことのある「トリス」の名を使うことだった。「サントリー姉妹品」とし、サントリーブランドとの間に一線を画したのだ。敬三はこのときのことを振り返り、トリスの発売は寿屋にとって乾坤一擲《けんこんいってき》の〝革命的行動〟だったと語っている。

〈「ウイスキー」をいつまでも一部特権階級の嗜好品《しこうひん》としてとどめておくか、あるいはそれとも、新しく育ってくる大衆社会に開放するか、ハムレットの悩みであった。当時の寿屋の経営陣は後者の道をえらんだ。それがウイスキーの消費の広いすそ野をつくり、やがては、フジの高嶺《たかね》を現出することを信じたからであろう〉（佐治敬三「伯楽と名馬」『トリス広告25年史』）

それはまさに、「ソーライス」で小林一三が目指した阪急の大衆路線と通じるものであった。

昭和二十一年四月一日、「トリスウイスキー」（三級、のちに二級）が改めて発売開始される。価格の安さを思いきりアピールしようとみなで知恵を絞った結果、名コピーが生まれた。

——安い！　うまい！　トリス！

寿屋の大番頭だった作田耕三《さくたこうぞう》の作品だといわれている。

広告担当の片岡敏郎がスモカの商品開発をおこなったように、経理担当の作田が広告のプロをもうならせるコピーを考えた。寿屋の企業風土の特徴である垣根の低い風通しの良さが、またもヒットを飛ばしたのだ。

「トリスウイスキー」は爆発的に売れた。そして儲かった。

モルトウイスキーは香りづけ程度にしか入っておらず（当時の酒税法で三級ウイスキーの原酒混和率は上限三パーセントと定められていた）、廃糖蜜から造った醸造用アルコール（エチルアルコール）を水で薄め、カラメルで着色したものだった。カラメルは現在でも色調の調整のため使用されており、害はない。

同じような製法で着色だけしていない焼酎一升（一・八リットル）と、その約三分の一の量の六四〇ミリリットル入りのトリスが、ほぼ同額の三〇〇円で売られていたのだから儲かって当たり前だ。

アメリカやイギリスに負けたこともあり、以前にも増して舶来ものに弱くなっていた日本人は、ウイスキーと名前がついているだけで陶然となった。満足した。

これに失笑できるのは、豊かな時代を生きる現代人だからだ。当時の敬三がやったことは、身体に悪いとわかっていてもメチルアルコールに手を出さざるをえないような貧しく飢えて心の荒《すさ》みきった日本人の命を救うための、大いなる社会貢献だったと見るべきだろう。

そして信治郎はすかさず次の矢を放つ。

「これからはウイスキーの時代や！　新たにウイスキーの工場を三つ作るで！」

そう声高らかに宣言したのだ。

敬三はこの父親の決断を、

〈父の畢生《ひっせい》の決意をそこに見る〉（『日々に新たに　サントリー百年誌』）

と心からの敬意を抱きながら回顧しているが、この信治郎の先見性が、やがて訪れようとしていた戦後の洋酒ブームを先駆けることにつながる。

父と息子の歯車が、ようやくうまくかみ合って回り始めた。

敬三は工務部長の発令を受け、三工場建設計画を任された。まずは昭和二十一年四月、大阪工場に仮設ながらも蒸留部門を完成。あと関東と関西以西に一つずつ工場を設けたい。懸命になって適地を探した。小田原にも行った。赤穂にも行った。

そして行きついたのが大分県の臼杵《うすき》だった。

大量消費地からやや離れた場所だが、戦前、寿屋は海軍の命令で、この地に半地下式のブタノール工場を建設しようとしていた。だが地鎮祭《じちんさい》の数時間後に終戦の詔勅が下り、頓挫《とんざ》していたのだ。縁起をかつぐ信治郎のことだ、〝ウイスキー〟と語感の似ている地名が気に入っていたのかもしれない。

時あたかも年率三〇〇パーセントのハイパーインフレーション下にあり、物資も不足しているため工場建設は予想以上に困難な事業であった。

だが努力の甲斐あって、大分工場（のちの臼杵工場）は昭和二十二年（一九四七）一月二十二日に竣工し、トリス増産の決め手となる。当時のこととて物資の倹約に努めなければならない。近くに塩田を開いて食塩を確保し、蒸留廃液による代用醤油の生産も行われた。

三つめの関東での工場建設にはなお時間を要し、多摩川工場が完成したのは昭和三十三年（一九五八）のことであった。

大分工場の完成直後、信治郎は敬三を取締役に就任させている。その仕事ぶりを見て、もう経営陣の一員に迎えていいだろうと判断したのだ。

敬三はみずからも将来に備え、独自の人脈作りをはじめる。

戦後間もなく、大阪工業会に「新人会」なる若手経営者の勉強会が発足した。森下泰《たい》（森下仁丹社長）、山田稔《やまだみのる》（ダイキン工業社長）、古市實《ふるいちみのる》（特殊機化工業社長）、能村龍太郎《のうむらりょうたろう》（太陽工業社長）、吉本晴彦（吉本土地建物社長）といった面々がそこに集《つど》った。信治郎が「文無し会」での友人関係を大切にしたように、彼らは敬三にとって生涯の友となる。

彼らとともに大阪青年会議所（大阪ＪＣ）設立運動にも参加。四八名ではじまった東京青年会議所に遅れること一年、昭和二十五年（一九五〇）三月、日本で二番目の青年会議所として発足した。当初の会員数は八〇名。その後、今に至るまで日本最大かつ世界最大の会員数を誇っている。

昭和二十九年（一九五四）には敬三も第五代理事長に就任し、弟の鳥井道夫（第一一代）、甥《おい》の信一郎（第二六代）、道夫の息子の信吾（第四三代）も大阪青年会議所理事長となり、一族で大阪活性化の大きな力となり続けた。

寿屋取締役に就任した敬三に話を戻そう。

やりがいのある仕事を任され、充実した毎日を過ごしていた敬三だったが、家に帰れば幼い信忠が待っている。母一人子一人というのは何とかなるが、父一人子一人というのは辛いものだ。

額のほくろを幼い彼が指で押すと、

「ビー！」

とブザーの真似をして喜ばせたという。面白く、やがて哀しい情景である。

社業に邁進しながらも、敬三の心の中にはまだ癒やせない傷が残っていた。

鳥井本家には、昭和二十三年に信治郎の兄喜蔵の孫である鳥井弘一と敏子が大阪天満宮で挙げた結婚式の写真が残っている。そこに写っている敬三は神経質そうな暗い表情で、晩年の自信に満ちた明るい顔とは別人のようだ。

同じ写真には作田耕三の顔も並んでいる。養育係として、作田は敬三の身をずっと案じていた。再婚することで人生の再スタートを切らせてやりたいと考えた彼は、見合い話を持ってきてくれる。

相手は大平《おおだいら》けい子、住友銀行元頭取・大平賢作の三女だった。敬三より四歳下で、大阪市阿倍野区生まれ。帝塚山学院女学部、津田塾女子大文学部英文科を卒業した才媛で、とびきりの美人である。ＧＨＱ本部に勤務していたこともあり、英語が堪能だった。

大平家はもともと新潟県北魚沼郡《きたうおぬまぐん》小出町《こいでまち》で大平酒造（のちの緑川酒造）という酒蔵を営んでおり、酒がつなぐ縁もあった。

見合いであっても一目ぼれはある。はきはきとして才気ほとばしるけい子に、会うたびに惹かれていった。この人となら楽しい人生が送れそうだと希望の灯がともった。

ところが、えてして女性のほうが恋愛に関しては冷静である。

このとき、敬三はけい子と話しながら、テーブルの上にこぼれたパンの切れ端を集め、指でおしかためて小さなサイコロを作っていた。

（せっかちで落ち着きのない方ね……）

その様子を見たけい子は、敬三の性格をすぐに見抜いてしまったという。だが縁談はとんとん拍子に進んでいき、昭和二十四年（一九四九）三月十七日、宝塚ホテルで華燭《かしょく》の典《てん》を挙げることになった。

新婚旅行は九州に行った。臼杵工場も訪れている。翌年の二月二十六日には長女の春恵が生まれる。信忠にとって五歳年下の妹の誕生であった。

敬三とけい子は、財界でも有名なおしどり夫婦となる。

新婚のころは、財界人の会合に出席しても酒の席には顔を出さず、

「そんな時間があったら、ヨメとクラシックでも聴くわ」

と答えて、森下泰などをあきれさせ、

「あれでは寿屋の後継者にはなれんぞ」

と陰口を叩かれるほどだった。

敬三はけい子のために、好子のことは自分の胸にそっとしまいこみ、信忠を自分の実の息子として育ててもらおうと心に決めた。

敬三の自伝『へんこつ なんこつ』には、どこを探しても好子のことについては触れられていない。結婚したことも死別したことも……最初から妻はけい子だったという書きぶりだ。

佐治敬三の評伝はサントリー関係者の手によって書かれたものがほとんどだが、筆者は、好子の命日を載せているものがないのが気になった。この人なら書きのこしているはずだとあたりをつけ、小林一三の日記の中を探してみたところ、案の定、記述はあった。

このころ、小林は幣原喜重郎《しではらきじゅうろう》内閣の国務大臣復興院総裁としてずっと東京にいて多忙を極めており、記述は昭和二十年十二月十五日のところにあった。

そこにはこう書かれている。

〈今朝北川が大阪から持って来た家内の手紙に、『鳥井のお嫁サン好子サンが十一日急死、十二日告別式との事。これより先、男のお子サンが生れ、信忠と命名、皆々大喜びのところ、産後のおいたちが面白からぬと見へて俄《にわ》かに永眠との事』云々、まことにお気の毒に堪へないのである。春子は二人の遺児を育てつつ、又一人のお子サンを育てるべき運命と責任とを持つことであらう〉

ところが信忠によって平成十二年(二〇〇〇)十二月に建てられた「釈尼好順」と記された好子の墓石には、命日は九日と刻まれている。小林一三の記述が間違っているのだろうか。眺めのいい高台にある佐治家の墓所から中山寺の朱塗りの大願塔《だいがんとう》を望みつつ、不思議な思いにとらわれた。

第二章

寿屋宣伝部とトリスバーの時代

自宅のカウンターバーでくつろぐ羊子夫人と開高

ごぞんじ！　開高健

「よっしゃ、これからは自由販売の時代や！」

昭和二十四年（一九四九）四月から、ついに公定価格が順次廃止されることになった。

戦中戦後を通じてあらゆる物資にかけられていた統制が解け、自由競争時代に突入したことで、信治郎は腕まくりをはじめた。戦後初めて新聞広告を出したのも、そんな気合のあらわれであった。

復員後、東洋紡に勤めていた道夫がこの年の七月に入社し、信治郎を支える両輪がそろった。

そして十一月には、敬三を専務取締役に昇格させた。すでに信治郎は七十歳になっている。まだまだ矍鑠《かくしゃく》としていたが、敬三が寿屋の次期社長であることを内外にはっきりと示したのだ。

息子二人がそろってくれたのがよほどうれしかったのか、躁状態になった信治郎がおかしなことを言いだした。

「寿屋いう名前はありふれとる。饅頭屋《まんじゅうや》でも布団屋でも不動産屋でも、みんな寿屋やないか。これからは『洋酒の寿屋』でいくで！」

昭和二十五年（一九五〇）、広告などもすべて「洋酒の寿屋」という表示に改め、これを徹底することにした。

躁状態の信治郎はさらに暴走する。

「洋酒の寿屋」と連呼しはじめたこの年、信治郎は〝国旗掲揚推進運動〟をはじめた。

敗戦からこのかた、わが国は国旗を揚げることをGHQによって制限されていた。それが許されるようになってからも、敗戦の反動から、国旗を掲揚しようとする家庭は少なかったのだ。

「旗日《はたび》には日の丸を掲げましょう」という標語を、社用の便箋《びんせん》はもちろんのこと、社外に出すパンフレットなどすべての印刷物に刷り込ませ、販売店へのノベルティ（販売促進用景品）にも国旗セットを配ったりした。

派手なイベントも行った。毎日オリオンズ・阪急ブレーブスのプロ野球公式戦を買いきり、阪急の西宮球場に国旗をギッシリ林立させて観客を無料招待し、信治郎が始球式の球を投げた。両軍の監督やコーチがランナーコーチに出るときは、背中に日の丸をつけさせるという念の入れようだ。

信治郎がこの運動をはじめたのは愛国心からだけではない。日の丸は赤玉に通じる。芸者衆に生理のことを〝赤玉〟と呼ばせたのと発想は同じだった。

そして敬三も、まるで父親と競うかのように行動を起こす。

講和発効一周年記念　８０００万人の新国民歌（私たちの歌）歌詞を募る！

提唱　株式会社寿屋

昭和二十八年（一九五三）一月、こんな募集広告が全国紙に掲載された。〝８００0万人〟とは当時の日本の人口である。

フランスの国歌「ラ・マルセイエーズ」のように、民衆のなかから新しい時代にふさわしい国歌が生まれないかと考えたのだ。信治郎のようにソロバン勘定が見え透いたものではない。しかも目はしっかり大衆に向いていた。

作詞で約五万点、作曲に約三〇〇〇点もの応募があった。寿屋社員はもちろん、取引先にも声をかけ、応募数を増やす努力をしたであろうことは想像に難くないが、それにしてもこの数は多い。敬三の思いに賛同した人間が相当数いたことを示している。

われら愛す　胸せまる　あつきおもひに
この国を　われら愛す
しらぬ火《い》　筑紫《つくし》のうみべ　みすずかる　信濃《しなの》のやまべ
われら愛す　涙あふれて
この国の空の青さよ　この国の水の青さよ

一等に当選した「われら愛す」と題された芳賀秀次郎《はがひでじろう》の歌詞は、愛国心に満ちあふれた内容だ。西崎嘉太郎《かたろう》が作曲を担当し、わが国を代表する音楽家である山田耕筰《やまだこうさく》に編曲をしてもらった。〝荘重雄大に〟という指示があるように、テンポよく現代的で、「君が代」の重々しさとは一線を画している。
日比谷公会堂で盛大な発表会が行われ、その後、全国一二の都市で発表会が開かれた。ラジオ放送、レコード、新聞、雑誌など、ありとあらゆる媒体を使ってこの歌の普及に努力した。

だが「われら愛す」は、「君が代」にとって代わるまでには至らず、〝幻の国歌〟に終わった。

それでも敬三はこのときの高揚感が忘れられず、

〈今でもこの歌を聞くと、涙滂沱《ぼうだ》たるを禁ずることができない〉（『へんこつ　なんこつ』）

と記している。

新国民歌には後日談がある。審査員だった詩人の三好達治《みよしたつじ》が激賞し、二位に入ったのが小谷初子《こたにはつこ》という寿屋の女性社員の作品だった。

本名を金城《きんじょう》初子という。当時、まだアメリカの軍政下におかれていた沖縄出身と一目でわかる名前を使うと、好奇の目で見られるのがわずらわしく、母親の姓で応募していたのだ。

そもそも彼女は詩人である。マラルメに傾倒し、彼の代表作『牧神の午後』の〝牧羊神〟からとった〝牧羊子《まきようこ》〟というペンネームを持っていた。

彼女こそ、開高健の妻であった。

彼の鬱《うつ》の種となった悪妻として、一部の開高ファンの間では蛇蝎《だかつ》のごとく嫌われている。あまりにその名が有名であるため、本書も以下、〝牧羊子〟という名で統一することにしたい。

奈良女子高等師範学校（現在の奈良女子大）数物科を卒業後、市岡高等女学校の教師となり、戦後は大阪大学理学部物理学科の伏見康治《こうじ》教授の下で助手をしていた才女である。大学助手は薄給だったため、寿屋大阪工場で働いていたかざり職人の父親が敬三に頼みこんで寿屋に入社することになった。

最初の配属は、昭和二十一年（一九四六）二月に、敬三が恩師小竹無二雄を理事長に招聘《しょうへい》して設立した財団法人食品化学研究所である。最初この研究所は大阪大学理学部の建物の地下に間借りしており、初代所長はほかならぬ敬三自身であった。

彼は牧の文才に目をつけ、しばらく『ホームサイエンス』の編集を手伝わせていたが、廃刊後は本社研究課勤務となっていた。

『社報』昭和二十五年十一月号に、「本社研究課　牧羊子」として「確証」というタイトルの自由詩が掲載されている。それは八一行にも及ぶ作品で、社報の丸々一ページを埋め尽くした大作だ。

ここに、その冒頭と末尾の部分だけを、掲げてみたい。

一つ

投げた
白い抛物線《ほうぶつせん》軌跡
蒼紅の斑天に
　それは自我と非我の永遠に向う飛しよ
うといま實在することに引かれる愛憎
のぴつたり重ねられたKenserそれは
ながいBalationを曳いて遥かに地表
のまるみにそつてすべつて行つた

（中略）

今
無上のまたたきを
無垢の感受を
何にもまして愛のPeutalpkaみつけたのだ

新国民歌に応募した詞はこんな難解なものではなかったはずだが、ともかく、この〝詩人〟牧羊子と学生結婚したのが七歳年下の開高健だったのである。

のちに開高は、

「もうちょっとでオカアチャンの作った歌をうたわされるとこやった」

と胸をなでおろしている。

「いいは悪いで悪いはいい」

というのは『マクベス』の冒頭で魔女が口にする言葉だが、開高が牧羊子と結婚したことが先述の〝鬱の種〟となると同時に、佐治敬三との出会いという幸運をもたらしていくことになる。


ここで、敬三の半身とも言うべき男、開高健の前半生について触れておきたい。

彼は昭和五年（一九三〇）十二月三十日、大阪の下町である大阪市天王寺区東平野《ひがしひらの》町一丁目一三番地に、父正義《まさよし》、母文子の長男として生まれた。敬三より十一歳年下である。

「かいこうたけし」が正式な読み方だが、「かいこうけん」と呼ばれてもあえて訂正はしなかったために、後者が一般的になっていき、後年は「Ｋｅｎ」と署名したりしている。作家となって「原稿書いた？」「書けん！」といったやり取りが増えるようになると、〝かいた・かけん〟と自嘲気味に自己紹介したりするようになった。

父正義は福井師範学校出身の教師で、開高が生まれたころは大阪市立鷺洲《さぎす》第三小学校（現在の海老江西《えびえにし》小学校）の訓導（現在の教諭）をしていた。二歳下の陽子と四歳下の順子という二人の妹がいる。

昭和十二年（一九三七）、開高が七歳のとき、住吉区北田辺《きたたなべ》町（現在の東住吉区西今川）に引っ越した。昭和初期に建てられた〝大阪長屋〟と呼ばれる形式の二階建ての木造家屋で、彼は戦中戦後の十五年間をここで過ごした。

貸家も何軒か持っており、典型的な中流家庭であったが、わが国が太平洋戦争に突入した二年後にあたる昭和十八年（一九四三）、彼らの運命が暗転する。父正義を腸チフスで亡くしてしまうのだ。医者の誤診だった。佐治敬三も罹患《りかん》し、彼の母クニの命を奪ったあの恐ろしい伝染病である。享年四十七。開高が旧制天王寺中学に入学してわずか一ヵ月後のことだった。

生活は一気に苦しくなり、学校に弁当を持っていくこともできない。昼休みは水で腹をふくらまし、ベルトで締めあげた。

これを朝鮮語で「トトチャブ」ということを、同級生の朝鮮人の友人から教えてもらったと、開高はさまざまな著作の中で何度も触れているが、実際にはそのような朝鮮語はなく、韓国を研究テーマにしている専門家によれば、おそらく「더《ト》 더《ト》 참《チャム》으

라《ラ》」(意味は「もっと もっと 我慢しろ／堪えろ」)ではないかということだった。

誰にも知られずそれをしているつもりだったが、ある日、廊下ですれ違った同級生に、

「トトチャブはつらいやろ」

とささやかれた。悪意があったわけではない。むしろ同情をこめてのことだったが、言葉は時として実際の刃物より鋭利である。

〈そのときこの単語が火のように背骨に食いこみ、そのまま居坐って今日まで棲息《せいそく》しつづけているのである。この単語を思いだすたび、いまでも私の背の皮膚のどこか一点がたちまちチリチリと熱くなってくる〉(開高健『最後の晩餐』)

それから十六、七年が経ち、小説家になっていたころ、新宿の映画館で東北の冷害に関するニュース映画を目にする機会があった。

東京の小学校から東北の小学校に塩鮭が贈られた様子が映し出され、日ごろ食べるものがなくてひもじい思いをしている子供たちは、配られた塩鮭を前に息をのんでいる。

〈ところがどういうものか、たった一人、教室からでて、運動場のすみっこで砂など蹴って遊んでいる男の子がいる。カメラが接近すると、その子は、テレたような、陽

がまぶしいような、いじけた顔でニヤニヤ薄笑いして、とぼとぼと、消えてしまった。とたんに歳月が消え、水と火が私の全身によみがえった。まぎれもなくその子の顔はかつての私であった。かつて私も冬の運動場のすみっこでそんな顔をしてぶらぶら歩いていたにちがいないのである。いたたまれなくなって私は席をたち、暗くて、くさくて、落書だらけのトイレに入り、だまって泣いた〉（同前）

開高は天王寺中学一年生のとき、二組の級長であった。それは入学時の成績が全学年で二番だったことを意味する。

だが勉強に打ち込めるような時代ではない。そのうち授業はほとんどなくなり、勤労動員に駆り出されるようになった。いたるところで防空壕を掘らされ、時には和歌山まで掘りに行かされた。

後に彼は、自分が掘ったのとそっくりな防空壕をベトナムで見ることになる。

「こんなとき、お父ちゃんがいてはったら……」

母文子は心細くて、しきりに涙を流していた。

やがて彼女は〝コックリ（狐狗狸）さん〟に夢中になる。

新聞紙にアイウエオを書き、箸を持って息をつめ無念無想の境地になると、不思議なことに持っている箸が自然と動き出すのだ。その示す字をたどるとしばしば意味のある文章になることから、狐などの霊が降りてきてお告げを伝えるのだと信じられていた。

B29が焼夷弾《しょういだん》を降らせはじめても、彼女はコックリさんをやめなかった。

「神風はいつ吹くんでしょう?」

「どこ行ったらお芋さん買えますか?」

ひっきりなしにおうかがいをたてた。

その様子に情けなくなり、絶望的気分におちいった開高は、アイウエオの書かれた新聞紙を見つけると片っ端から破って捨てたが、彼女はそれでもやめる気配がない。

「おかあちゃん、ええかげんにしいな!」

そう言っていさめると、文子はやめるどころか金切り声をあげて突っかかってきた。

「そんな言うたかて、どうしようもないやないか。誰が教えてくれんねン。誰が助けてくれるねン。あんたそんなにコックリさんをバカにすんねやったら芋《こ》買うておいで! それができへんねやったら黙っててんか。どや、どこいったら芋買えるか、知ってるかッ!」

このときのことを彼はこう書いている。

〈彼女の小さな眼は愚かしく、あさましく、凄惨《せいさん》な光がこもっていて、正視できなかった。私は貧血質な一四歳の中学生にすぎなかった。父を早く失った私たちはただ母のなけなしの着物を芋と交換してその日その日をうっちゃっていたのである。私は熱狂したが、黙りこむしかなかった。おびただしいものが私の内部で粉末になった。私に廊下のすみへ追いつめられて母はエッ、エッと泣きじゃくりつづけた〉（開高健『輝ける闇』）

開高は、彼がものごころついたころから〝鬱〟と付き合っていたが、このころになると、それはもう鬱などという生易しいものではなくなってきていた。若くして、彼は人生に絶望していたのだ。

〈私は衰えきっていた。見るもの、聞くもの、人間というものがイヤでイヤでならなかった。（中略）自殺する勇気がないので生きているまでだという状態であった〉（開高健「父よ、あなたは強かった」）

天王寺中学に虫の大好きな同級生がいて、ファーブル昆虫記のなかのアナバチの話をしてくれたことがあった。アナバチは生きている虫に麻酔針を刺し、そこに卵を産む。すると幼虫は生きている虫の肉を思う存分食べられるというわけだ。

その同級生は、開高たちとともに勤労動員先の龍華《りゅうげ》（大阪府八尾市）の操車場で油まみれになって働かされながら、

「おれ、ハチの子になりたい！」

と叫んだ。

〈家くらいもある食パン、そのなかにハチの子みたいにもぐりこんで、右向いてころっと一かたまり、左へころんと寝返りをうってまた一かたまり食べて暮せたらどんなに楽しかろと、その友だちは考えたわけやね〉（開高健・谷沢永一・向井敏鼎談集『書斎のポ・ト・フ』）

開高たちからすれば、そのハチの子のような暮らしをしていたのが佐治敬三ということになるのかもしれない。ハチの子にはハチの子なりの悩みや悲しみがあると知ったのは、相当後になってからのことであった。

そして迎えたのが敗戦である。

玉音放送を開高は操車場で聞いた。

彼は見た。焼夷弾がすべてを焼き尽くした後に残った、見渡す限りの赤い荒野を。

天王寺の駅前に立つと、建物がなくなった分、空が大きくなったように感じられ、夕陽がゆっくりと大阪湾の方向に沈んでいった。

大きな駅の駅員の朝の日課は、前の晩まで元気にしていた孤児たちが、栄養失調で夜の間に構内の片隅でころりと死んでいるのを片づけることからはじまった。

命の重みが驚くほど軽かった。

戦地でどうにか命を拾って帰ってきた帰還兵たちも、ある者は汽車の切符が買えずに有蓋《ゆうがい》貨車の屋根に乗り、トンネルに入るところで首をひっこめ損ねて頭を吹き飛ばされ、ある者は帰るべき家族が全滅している悲しみを忘れるために呷《あお》った安酒のメチルアルコールの毒で死んでいった。

こうした光景を目の当たりにし、思春期の開高の赤ん坊の肌のような心は悲鳴を上げた。

敬三と開高の十一歳という年の違いは大きい。敬三のように兵役に就いた者は、敗戦の責任をわがことと感じたが、開高のような若い世代は大人や国家に強い不信感を抱き続けた。

前者は早く日本を復興させねばならないと現実的行動を起こしたが、後者は年齢不相応に慎重で、観念論や理想主義に心惹かれるところがあった。

開高は本の世界に逃避した。

中でもいちばんの愛読書がフランス人の哲学者サルトルが書いた『嘔吐』だった。無人島に持っていく本を何冊か選べと言われたら、確実に入る数冊のうちの一つだと後年語っている。

『嘔吐』に並んで特別の本になったのがリルケの『マルテの手記』だ。作品の舞台はパリ。開高はこのころからフランスに、とりわけパリに、強い憧れを抱くようになっていった。

だが本ばかり読んでいられるはずもない。家計を支えるため、製鋼工場の旋盤工や近所のパン屋、漢方薬の包装に、大阪港の工事現場での肉体労働といったアルバイトに明け暮れた。

あきれたことに天王寺中学五年生のとき、旧制大阪高校（のちの大阪大学一般教養部）の一年生だと偽って、その大阪高校を目指す住吉中学五年生の家庭教師をしている。

さらに驚いたことには、開高もこの高校を受験するのだ。受験当日は〝教え子〟に会わないようこそこそしていたという。開高は合格したが、教え子のほうの結果については口を閉ざしたままだ。

しかし運悪く彼の学年は旧制・新制の切り替えの時期にあたっており、結局、一年通っただけですぐ新制大学を受験せねばならなくなった。相変わらずバイト生活は続いており、勉強時間はほとんどない。それでも入れるだろうと思って京都大学を受験したが、さすがに失敗してしまった。

たまたま見かけた大阪市立大学の募集ビラを見てこの大学を受けることに決め、〈大学にでもいかない限り、接触するチャンスのない法学部〉を選んだ（開高健「二三歳はどん底だった」『リクルートNEWS北陸』昭和五十九年一月一日号）。昭和二十四年のことである。

昭和二十五年（一九五〇）一月、開高は一人の男と出会う。彼を作家という道にいざなってくれた水先案内人ともいうべき人物、それが谷沢永一《たにざわえいいち》であった。

開高はパリへの憧れゆえに、なけなしの金をはたいて帝塚山学院女子高校の校舎の片隅を借りて開かれていたフランス語の私塾に入塾していた。偶然、関西大学文学部国文学科の学生だった谷沢もここで学んでいたが、授業料が切れたらやめようと思っていたところだった。

以前から開高は、一方的に谷沢のことを知っていた。共産党のオルグ活動で学内を騒がした一年上級生の谷沢は、当時の天王寺中学の生徒ならだれでも知っている有名

『えんぴつ』の同人になった開高（前列右から二人目）と谷沢永一（同三人目）

人だったからである。

谷沢は、彼の著書『回想　開高健』の冒頭、この運命的な出会いについて次のように述懐している。

今から思えば、ほんとうに際《きわ》どい時期だった。私にとっては最終出席かその一回前のことである。一月下旬であった。すでに日が暮れている。学舎の廊下は暗い。それでも活字中毒の私は、とぼしい電燈を頼りに、壁ぎわの椅子で、なにか本を読んでいた。そこへ、向う側から、意を決したようにツカツカと、突き進んでくる足音がした。気配で、わずかに顔をあげようとした私の、その頭の上から、

タニザワさんですかっ、ぼくカイコウですっ。

大音声が降ってきたのである。

開高十九歳、谷沢二十歳であった。

後に、開高がかわいがっていた菊谷匡祐《きくやきょうすけ》が彼の博覧強記ぶりに感嘆すると、開高は謙遜《けんそん》しながらこう話したという。

「おれなんて、何も知らんて。大阪の谷沢永一ちゅうやつ、これがもうとんでもない

物知りでなあ。その学、俗にまで至る。おれの知識、みんな谷沢の受け売りや」

開高は谷沢のことを〝書鬼《しょき》〟と呼んでいた。谷沢は若くしてプロの古書店の鑑札を入手し、業者だけの古書即売会にまで出没していた。彼がどんな本を買うか見ようと、歩く後ろに列ができたという伝説が残っている。

そのすぐれた目利きとしての能力で収集していた万巻の書は、開高にとって宝の山であった。

谷沢の実家はベニヤ板屋を生業《なりわい》としていた。阿倍野区昭和町にある八軒長屋の彼の自宅は、増築に増築を重ねたため、家のなかに何ヵ所か段差がある奇妙な構造をしていた。さらに器用な父親が隣家との間の路地に柱をかけ、二階に鳥の巣のようにして作ってくれたのが彼の書斎だ。

開高はここに、いそいそと通いはじめた。

訪問するときは、まず一階の谷沢の両親に挨拶をする。そしておもむろに階段を上り、谷沢の弟と妹の部屋の机の間をすりぬけ、短い廊下をわたって書斎へとたどり着く。ドアをノックすると、本のなかに埋もれるようにしながら、書斎の主がテーブルに向かって座っていた。

夜更けまで宝焼酎を飲みつつ議論をし、帰り際にめぼしい本を選び出すと、書名を備え付けのノートに書き、大きな風呂敷包みに包めるだけ包む。谷沢の弟と妹を起こさないよう彼らの枕元を忍び足で通り、階段を降り、働きアリが巣に向かうように嬉々《きき》として本を持ち帰った。

そして読み終わると、また風呂敷包みを背負って本を返しに行くのだ。

〈私の過労と、過敏と、焦燥と、絶望をなぐさめてくれるのは、（中略）ずっと谷沢永一とその書斎だけだった。のべつ私は自殺の衝動に苦しめられていたから、もし彼の部屋があの頃なかったらどうなっていたことだろうかと、いまでも、よく思いかえすことがある〉（開高健「谷沢永一」『白昼の白想』）

谷沢の誘いで開高は、谷沢の主宰する創刊したての同人誌『えんぴつ』に参加させてもらえることになった。開高は大阪市立大でも文芸部に所属していたが、今度こそ本格的に文章を書くことに目覚めた。当時の同人誌は、文壇デビューの登竜門だ。谷沢は、開高の生きる道を指し示してくれたのだ。

開高が『えんぴつ』の集まりに初めて顔を出したのは、昭和二十五年（一九五〇）二月十九日のことであったが、水を得た魚のようにいきなり存在感を示しはじめる。

会合の進行役が、彼の珍しい名前の読み方に戸惑い、

「あのー、ヒラタカさんでしょうか？」

と口にするや否や、ジロリと睨《にら》みかえし、右手に握りしめていたパイプの吸口を勢いよく相手のほうに突きだすと、誰も聞いたことのないような大きな声で、

「カァイコオです！」

と一声わめいた（谷沢永一『開口閉口』新潮文庫解説）。

そしてある日、大阪を代表する詩人小野十三郎《おのとおざぶろう》の紹介で、一人の女性が『えんぴつ』の同人に加わった。小野は谷沢や開高と同じ旧制天王寺中学の先輩である。

その女性こそ牧羊子だった。

頭の回転の速い女性だった。難解な言葉を多用して形而上《けいじじょう》の理路を並べるのは天才的だ。〝つまり〟を連発しながら議論を展開し、熱するとしばしば机を叩きはじめる。そんな姿に同人たちは圧倒され、うやうやしく〝カルメン〟というあだ名を奉《たてまつ》った。

互いの作品を批評しあう合評会の際には自然と開高と牧と谷沢が最後に残り、開高と牧が激しく切り結ぶのを谷沢が少し高いところから見守っているという図式が出来上がる。

「また〝ランボオ開高〟と〝カルメン牧〟の一騎打ちやな」

同人たちはにやにやしながら見物していた。

ところが激しく議論しながらも、開高はしだいに心魅かれていくのである。牧が〝自殺〟や〝絶望〟などといった言葉をよく口にするのも、自分が鬱に悩まされていただけに共感できる部分があった。

やがて『えんぴつ』の名前は、関西の文学愛好家の間で評判になる。開高が大阪高校時代の友人の向井敏《むかいさとし》を誘いいれたりして同人は二六名にふくれあがり、発行部数は一三〇部を数えるまでになった。愛読者のなかには、のちの芥川賞作家河野多恵子《こうのたえこ》もいた。

だが一方で、合評会の激しい議論の応酬《おうしゅう》に恐れをなして、みな小説を書いて持ち寄らなくなっていった。これでは同人誌は成り立たない。やむなく谷沢は『えんぴつ』の解散を宣言する。

昭和二十六年（一九五一）五月二十日の日曜日、『えんぴつ』の終刊第一七号の合評会が開かれ、その後、解散の宴《うたげ》となった。

「これ、うちが混合してきてん」

牧が寿屋の研究室で作ったウイスキーの実験作を持ってきた。

レッテルのないその胡散臭《うさんくさ》そうなガラス瓶を前にして、みな最初は手をこまねいて

いたが、谷沢がまず口をつけ、

「けっこういけるやんか」

の一言を聞いて安心し、

「前衛的飲み物やな！」

とか、

「人体実験や！」

とか言って騒ぎながら大いに盛り上がった。

やがて解散となり、みな酔っぱらって三々五々散っていったその夜、開高と牧は御堂筋を二人で歩いていた。ふと見ると難波《なんば》の南御堂《みなみみどう》の板塀に穴があいている。二人で人気のない境内にもぐりこんだ。あたりはまだ瓦礫《がれき》が残っている。そこで二人ははじめて結ばれるのである。

もっとも実際には、女性に慣れていなかった開高は未遂に終わっている。

二人だけの秘密であるべきそれが詳細にわかっているのは、開高本人がのちに自伝的小説『耳の物語』のなかで、そのあたりのことを微に入り細にわたり書きのこしているからである。

だがこれをきっかけに二人は男女の仲となり、開高は阪和線の我孫子町《あびこちょう》駅に近い牧の家に、足繁く通いはじめるのである。

（下巻へ）

本書は『マグナカルタ』（ヴィレッジブックス）に連載された
「最後の大旦那　佐治敬三　〝ごっつおもろい生き方〟してみんかい！」を
加筆修正し、本社から二〇一五年に刊行された作品を文庫化したもの
です。

写真協力　朝日新聞社
石山貴美子
開高健記念会
サントリーホールディングス株式会社
毎日新聞社

北 康利─1960年名古屋市生まれ、大阪府立天王寺高校、東京大学法学部卒業後、富士銀行（現・みずほ銀行）入行。資産証券化の専門家として、富士証券投資戦略部長、みずほ証券財務開発部長、業務企画部長を歴任、2008年みずほ証券退職。本格的に作家活動に入る。著書に『白洲次郎　占領を背負った男』（第14回山本七平賞受賞）『福沢諭吉 国を支えて国を頼らず』『吉田茂 ポピュリズムに背を向けて』（以上、講談社文庫）、『銀行王安田善次郎 陰徳を積む』（新潮文庫）、『西郷隆盛 命もいらず 名もいらず』（ワック）など。

講談社＋α文庫 佐治敬三《さじけいぞう》と開高健《かいこうたけし》 最強《さいきょう》のふたり　上

北《きた》 康利《やすとし》

2017年10月19日第１刷発行

発行者────鈴木 哲
発行所────株式会社 講談社
東京都文京区音羽2-12-21 〒112-8001
電話 編集(03)5395-3522
販売(03)5395-4415
業務(03)5395-3615
デザイン────鈴木成一デザイン室
カバー印刷────凸版印刷株式会社
印刷────慶昌堂印刷株式会社
製本────株式会社国宝社

落丁本·乱丁本は購入書店名を明記のうえ、小社業務あてにお送りください。
送料は小社負担にてお取り替えします。
なお、この本の内容についてのお問い合わせは
第一事業局企画部「＋α文庫」あてにお願いいたします。
Printed in Japan ISBN978-4-06-281730-1
定価はカバーに表示してあります。